W0048043

Mira Ungewitter

Roadtrip mit Gott

Mira Ungewitter

Roadtrip mit Gott

Leben ist Freiheit
und jeden Tag ein Abenteuer

HERDER
FREIBURG · BASEL · WIEN

Meinen Eltern

Die Bibeltexte sind entnommen aus:
Einheitsübersetzung der Heiligen Schrift,
vollständige durchgesehene und überarbeitete Ausgabe © 2016
Katholische Bibelanstalt GmbH, Stuttgart, Alle Rechte vorbehalten

Satz: Daniel Förster, Belgern
Herstellung: GGP Media GmbH, Pößneck

Printed in Germany

ISBN Print 978-3-451-38366-3
ISBN E-Book 978-3-451-81802-8

INHALT

Auf Dein Wort hin das Unmögliche wagen

KAPITEL 1

NEUGIERIG UND FREI

»Ich kann das alleine!«

Gesagt, getan. Ich nehme einen halben Schritt Anlauf und springe einfach drauflos. Eine Sekunde später durchzieht mich ein brennender Schmerz. Ich lande auf dem gegenüberliegenden Felsen. Allerdings nicht auf meinen Füßen, sondern auf meinem Brustkorb. Der Stein im Meer ist rau und messerscharf. Mir wird ein bisschen schwindelig. Mein Vater, dessen ausgetreckte Hand ich gerade noch selbstsicher ignoriert habe, hebt mich sofort auf. Direkt unter meinem Hals zieht sich ein tiefer, langer Schnitt inmitten einer handtellergroßen Schürfwunde. Keine Ahnung, wem es in dieser Sekunde schlechter geht. Ich vermute aber meinem Vater. Er nimmt mich auf den Arm und sprintet über die schroffen Felsen in Richtung Ferienwohnung.

Trotz dieses schmerzhaften Frontalsturzes liebe ich diesen Ort noch heute. Eine große Felsformation, die eine kleine Bucht abschließt, übersät von vielen Felsbrocken, die je nach Gezeiten höher oder tiefer aus dem Wasser ragen. Ein fantastischer Ort, nicht nur um sich saumäßig weh zu tun, sondern auch um begeistert wundersame Unterwasserwelten zu entdecken.

Je nach Wasserstand bilden sich kleine Becken an unterschiedlichen Stellen. Kleine Fische und noch kleinere Babyfische, die im Sonnenlicht regenbogenfarben schillern. Muscheln und Taschenkrebswohnungen, die langsam über den Grund wandern. Schwarze Seeigel, die man vorsichtig vom Steinrand lösen und umdrehen kann und die dann aussehen wie eine Mischung aus lila Saugnapf und Alien. Grüne Algen, kleine Korallen, rote Schwämme und verborgene Höhlen, aus denen Krebsscheren hervorschauen. Mit ganz viel Glück bekommt man auch einen Tintenfisch zu Gesicht. Als Kind konnte ich dort Stunden verbringen. Erst zusammen mit meinem Vater, später allein. Balancieren, klettern, von Stein zu Stein springen. Immer mit Eimer und Kescher bewaffnet, um eine eigene kleine Wasserwelt zu erschaffen.

Unsere Fahrt nach Spanien dauerte mindestens zwölf Stunden. Also so lang, wie 24-mal die Sesamstraße gucken. Eine Zeiteinheit, die ich mit meinen fünf Jahren zwar halbwegs verstand, die allerdings keine Begeisterungsstürme hervorrief. Das bedeutete 1990 kein Sesamstraße-streamen. Kein IPod. Von Smartphones ganz zu schweigen und bis zu meinem ersten Walkman sollten noch einige Jahre vergehen. Sämtliche Touren in dunkelblauen Kombis, ohne Klimaanlage und ohne Navi. Meine Eltern navigierten sich mit der Landkarte durch Frankreich. Obendrein vollgepackt, als ob wir auswandern wollten. Allerdings nicht nach Spanien, sondern eher nach Sibirien. Meine Mutter und ich wollten nämlich trotz 30 Grad Außentemperatur und Protesten meines Vaters nicht auf unser Federbettzeug verzichten. Die »kleine Zudecke«, rotkariert mit einem Elefanten drauf, musste mit. Nicht zu vergessen meine zehn liebsten Kuscheltiere. Federbett statt Schlafsack, eine Angewohnheit, die ich heute noch bei Roadtrips habe. Es gibt kaum etwas Gemütlicheres als im Bus zu liegen und sich in ein paar Kissen zu kuscheln, während der Regen aufs Dach trommelt. Dazu der Laptop auf dem Bauch. Ein klarer Fall für »Herr der Ringe. Die Gefährten«. Extended Version.

Das Maximum meines Kinderentertainments waren Bilderbü-
cher und Kinderhörspielkassetten. Von meinen Kassetten favori-
sierte ich zu diesem Zeitpunkt zwei: eine mit klassischen Märchen
der Gebrüder Grimm und eine Kinderkassette mit biblischen Geschichten und Kinderchorliedern. Da ich Schlaf in diesem Alter
für Zeitverschwendung hielt, wechselten sich die ersten acht Stunden der Fahrt Schneewittchen und Jesus miteinander ab. Schneewittchen, die sieben kleine Männer, eine böse Stiefmutter und am
Ende einen Schönling händeln musste, und das alles nur mit einem Apfel im Bauch. Und Jesus, der gute Hirte, der 99 Schafe zu-
rückließ, um das *eine* ausgebüxte Schäfchen zu retten, das sich in
den Dornen verletzt hatte. Und der das Schäfchen rettete, ohne zu
schimpfen! Im Gegenteil, seine Freude über das Schäfchen war riesig groß. Als es wieder da war, feierte er sogar ein Fest. Nach der
kindlichen Gleichnis-Erzählung gab der Wetzlarer Kückenchor das
Lied vom »Kleinen, wilden Schäfchen« zum Besten: »Wer ist denn
dieses Schäfchen? / Das Schäfchen bin ich! / Der Hirte ist Jesus, /
der sucht dich und mich.«

Heute frage ich mich gelegentlich, wie mein damals agnostischer
Vater diese »heilige« Dauerbeschallung ertragen hat. Zumal »der
Mama«, wie ich meinen Papa damals gerne nannte, als Hausmann
eine Menge Zeit mit mir verbrachte. Meine Eltern hatten damals
mehr aus pragmatischen Gründen als aus reiner Überzeugung
die »Rollen getauscht«: Mein Vater hatte Sport und Germanistik
in Köln studiert. Sein Ziel war es gewesen, Lehrer zu werden und
möglichst viel Volleyball spielen zu können.

Es ist meiner Mutter hoch anzurechnen, dass sie sogar ihre
Hochzeit um ein Volleyballturnier legten. Erst Standesamt, danach
das Turnier und im Anschluss die Hochzeitsfeier.

Die gelassene Stärke meiner Mutter war damals schon legen-
där. Als kaufmännische Angestellte bekam sie einen lukrativeren
Job im Personalwesen bei einem großen Verlag. Es war ihrer har-

ten Arbeit in einer reinen Männerdomäne zu verdanken, dass wir uns diesen teuren Urlaub überhaupt leisten konnten. Diese Freiheit war hart erkämpft.

Als sie 1985 drei Monate nach Berufsantritt schwanger wurde, nahm sie das Minimum der ihr zustehenden Schutzzeiten in Anspruch und mein Vater blieb zu Hause.

Windeln wechseln, später Brote schmieren, Zöpfe flechten und heimlich hinter mir hergehen, um auf mich aufzupassen, wenn ich erklärte, ich könne alleine in den Kindergarten gehen. Was ich dann auch tat. Mein Drang nach Freiheit war schon als Kindergartenkind groß.

Der erste Halt kurz vor dem lang ersehnten Strand war aber einer der riesigen mediterranen Supermärkte. Auch wenn meine Trips heute meist eher an den Atlantik und seltener ans Mittelmeer gehen, liebe ich das Einkaufen auf Reisen noch immer. Die fremden Gerüche, die Auswahl an Meeresfrüchten und die endlosen Regale der Weinabteilung. Eine Handvoll Scampis, Knoblauch, Ziegenkäse, ein paar Tomaten und Baguette. Dazu Rosé und ein großer Karton mit den kleinen grünen Kronenbourger-Fläschchen – Bier für die Menschen, die einem noch unbekannt waren, aber in denen man in der kommenden Zeit begegnen würde. Das kölsche »Drink doch ene met«, egal ob wir uns kennen oder nicht, ist Teil meiner DNA.

Nicht direkt ans Meer, sondern erst mal einkaufen. Meine Freude darüber hielt sich mit fünf Jahren in Grenzen. Was meine Laune allerdings sofort verbesserte, war die Aussicht auf die Spielzeugabteilung. Ein roter Eimer mit gelbem Griff, bunte Förmchen, eine Gießkanne und eine kleine blaue Schaufel. Zusätzlich eine große Schippe, für Standlöcher und Sandburgen. Das Aufregendste war der Kescher mit dem feinmaschigen grünen Netz. Sandspielzeug bekam ich auch zu Hause. Aber einen Kescher, mit dem man stundenlang neugierig nach Algen, Muscheln und Treibholz fischen konnte – den gab es nur in Spanien.

Ein weiteres Highlight war der Streifzug durch die Süßwaren-abteilung: dicke schokoglasierte Donuts, erstaunlich bunte Gummibärchen und Fanta Zitrone. Kurz gesagt, alles, wofür mein Vater, der mittlerweile als Waldkindergärtner arbeitet, heute wahrscheinlich ein Disziplinargespräch führen müsste.

Meine Ausbeute war diesmal besonders groß, denn meine Oma war dabei. Was meinen Eltern dann doch zu viel des Guten war, erlaubte Oma. Auch wenn Oma Ruths Laune etwas gedämpft war. Sie hatte sich beim Einsteigen vor der Abfahrt in Köln den Kopf ziemlich heftig an der Heckklappe gestoßen. Ihrer Auffassung nach war dies die Strafe Gottes dafür, dass sie sich einen Urlaub im Ausland gönnte – ihren ersten Auslandsurlaub nach 25 Jahren. Ihre Frömmigkeit stammte aus einer anderen Zeit, zu der einige weitere merkwürdige religiöse Überzeugungen gehörten. Sie war zum Beispiel fest davon überzeugt, dass Kartenspiele Teufelszeug sind. Meiner Leidenschaft für Mau-Mau konnte das allerdings nicht viel anhaben.

Meine Oma stammte aus einer baptistischen Bauernfamilie aus Ostpreußen. Ihre Vorstellungen von einem strafenden Gott und die düsteren Warnungen vor so ziemlich allem Neuem konnten sehr furchteinflößend sein. Aber ihr unerschütterlicher Glaube an den »Vater im Himmel« hinterließ bei mir einen tiefen Eindruck.

Ihr Glaube spiegelte sich auch in ihrer grenzenlosen Großzügigkeit wider. Oma war sogar mit ihrer Schwester Edith zusammengezogen, um Miete zu sparen und das Geld in der Familie zu verteilen.

In Spanien teilte ich mir mit Oma ein Zimmer. Nicht zuletzt um möglichst lange wach bleiben zu können, wollte ich »Geschichten von Früher« hören. Meine Oma erzählte dann von dem bösen Hahn auf dem Bauernhof, auf dem sie aufwuchs, und von einer Zeit, als die Teilchen beim Bäcker fünf Pfennig kosteten. Eine ungeheure Vorstellung, wie viele Puddingteilchen man für eine D-Mark bekommen hätte?!

Ohne Teilchen für fünf Pfennig, aber definitiv mit ausreichend raffiniertem Zucker versorgt, ging die Fahrt endlich weiter Richtung Küste. Dann kam der Moment, an dem ich durch das offene Autofenster das erste Mal das tiefblaue Meer sehen konnte und es anfing, nach Urlaub zu riechen. Vorbei an dem weißen Leuchtturm und der alten Burgruine. Links und rechts weiße Ferienhäuser, an denen sich leuchtende lila Blumenmeere hochrankten, umgeben von Zedern und Zypressen. Nach einer weiteren Kurve tauchte die erste kleine Bucht auf. Auch ein hübscher Ort, aber die befahrene Straße führt direkt am Strand vorbei. In »meiner Bucht« gibt es keine Straße. Die Autos müssen weit oberhalb parken. Unser Apartment lag direkt am Strand. Zwischen dem Sand und der Terrasse lagen drei Meter Steinweg. Vom Bett zum Meer lief man in zwanzig Sekunden.

Endlich angekommen. Ich platze fast vor Aufregung. Ich wollte nur noch ins Wasser. Mein Papa suchte seine Badehose und wollte eigentlich zuerst auspacken. Ich flippte fast aus. Aber dann durfte ich loslaufen. Auch wenn das Meer kalt war, war vorsichtiges Reingehen keine Option. Laufen und Springen. Ich wäre am liebsten gar nicht mehr aus dem Wasser rausgekommen. Ich würde in den kommenden Wochen noch häufig schrumpelige Finger und blaue Lippen bekommen. Und mein schier endlos geduldiger Papa würde auch hier einen Großteil der Zeit mit mir und meinen endlosen Freizeitgestaltungsvorschlägen verbringen: »Papa – Burg bauen!«, »Papa – Wasser!«, »Papa – Toben!«, »Papa –Eis!«, »Papa – Felsen!«.

Der Urlaub hatte offiziell begonnen und ich war neugierig auf alles, was in den aufregendsten Wochen des Jahres passieren sollte.

Ob jetzt nicht erst mal ein Krankenhausaufenthalt ansteht, war sicherlich eine der Fragen, die meinem Vater durch den Kopf schossen, als er mich mit offener Wunde weiter über den Küstenpfad zum Apartment trug. Beim Blick über seine Schulter sah ich meine zurückgelassene Abenteuerausrüstung. Den roten Eimer mit dem gelben Griff, daneben der Kescher. Im Eimer ein paar Minifische und ein Krebs.

»Papa, meine Sachen!«, rief ich blutend und heulend.

»Die sind jetzt egal.«

Allerdings machte ich mir nicht nur Sorgen, dass jemand meine Ausrüstung stehlen könnte. Ich hatte vor allem Angst um die Meeresbewohner, da ich normalerweise den Eimer mitnahm, meiner Mutter und meiner Oma zeigte und danach die Expedition wiederholte, um alle Tierchen wieder zurückzubringen. Ich wollte schließlich nicht, dass irgendein Fischlein seine Eltern nicht mehr fand.

Im Apartment angekommen, spielten vermeintliche Sorgen von Fischeltern keine Rolle, dafür aber die Sorgen der Eltern der kleinen Mira. Krankenhaus, ja oder nein? Oder vielleicht zumindest zu einer Ärztin? Muss die Wunde genäht werden?

Auf der eine Seite mein verweinter Papa, der im Zweifel auf Nummer sicher gehen wollte. Auf der anderen Seite meine Mutter, die ganz die Ruhe bewahrte. Und entschied, dass eine Runde Schlaf als Erste-Hilfe-Maßnahme ausreichen würde. Bis heute hält meine Mutter Schlaf und das Tragen eines Unterhemdes für ein patentes Allheilmittel.

Ein Unterhemd war nicht nötig. Aber Trost. Trost sowohl für mich als auch für meinen Papa. So lag ich in dem kühlen, spartanisch eingerichteten Apartment auf dem weißen Sofa. Den Kopf auf dem Schoß meiner Mutter, die über meine verschwitzen blonden Haare streichelte und sang:

Wie ein Strom von oben aus der Herrlichkeit
fließt der Friede Gottes durch das Land der Zeit.
Tiefer, reicher, klarer strömt er Tag und Nacht
mit unwiderstehlich wunderbarer Macht.
Friede meines Gottes, stille, tiefe Ruh',
alle meine Sorgen, alles deckst Du zu.

Irgendwann schlief ich ein.

Singen und beten, bevor ich ins Bett musste, das tat meine Mutter auch zu Hause. Egal, wie lang ihr Arbeitstag war, zumal mein Vater mindestens drei Abende die Woche Volleyball spielte. »So, Zeit zum Zähneputzen«, war für mich wie eine Kampfansage. Ab jetzt hieß es das Unvermeidliche möglichst weit hinauszuziehen. Nachdem alle Kunstpausen ausgereizt waren, bestand ich zumindest noch auf Beten und Singen. »Händchen falten, Äugelein zu und ein Lied noch, Mama. Nur eins noch!«

Meine Mutter ist nach wie vor eine wandelnde Jukebox mit einem Repertoire von Kirchenchorälen bis hin zu schmutzigen Gassenhauern. Eine tiefgläubige Frau, die sich in ihrer Jugend bereits gegen kirchliche Moralitäten und »Das war schon immer so«-Argumente aufgelehnt hat. Eine Beziehung zu Gott zu haben, bedeutete für sie nicht automatisch auch jedes kirchliche oder religiöse System zu befürworten. Im Gegenteil. Nicht zuletzt waren auch ihre Hochzeit mit einem Sportstudenten, der Agnostiker war und für den es keine Rolle spielte, ob es einen Gott gibt oder nicht, sowie ihre Entscheidung, als junge Mutter voll berufstätig zu sein, eine Absage an das klassische fromme Familienbild.

Auch der Heiratsantrag fiel eher unkonventionell aus. Nachdem meine Eltern einige Jahre zusammen waren und sich eines Abends auf der Couch die Kinderfrage stellte, lief es laut Erzählungen ungefähr so ab:

»Wenn wir ein Kind bekommen wollen, dann soll es aber auch Ungewitter mit Nachnamen heißen«, stellte mein Vater fest.

»Ist das jetzt ein Heiratsantrag?«, fragte meine Mutter verwundert zurück.

»Ja.«

»Dann kamst du etwas schneller als gedacht«, wie meine Mutter gern erzählt.

Ich werde häufig gefragt, ob ich religiös erzogen worden sei. Die Frage ist schwer zu beantworten. Natürlich hat mich der Glaube der Frauen aus der Familie beeinflusst. Vor allem die Stärke, die meine Mutter daraus gewann. Zumal ich nicht von dem Automatismus ausgehe, dass eine religiöse Erziehung auch bei den Kindern Glauben hervorbringt. Denn auch der »Nicht-Glaube« meines Vaters hat mich geprägt. Die Labels »gläubig« und »ungläubig« mag ich übrigens eher weniger.

Meine Eltern wollten, dass ich möglichst viele andere Überzeugungen kennenlerne. Auch im Bezug auf meinen Glauben sollte ich eine möglichst freie Entscheidung treffen können. Deshalb meldeten sie mich später auch auf einem katholischen Mädchengymnasium an.

Mein Vater war aus der katholischen Kirche bereits Jahre zuvor ausgetreten und auch die freikirchliche Prägung meiner Mutter hatte nichts mit Papst und Weihrauch zu tun. Aber ich sollte über den eigenen »frommen« Tellerrand schauen.

Auch ob ich zu den sonntäglichen Gottesdiensten in der Baptistengemeinde in Köln mitging, war meine Sache. Aber ich wollte hingehen. Teilweise ging es direkt vom Club in die Kirche. Mit den Tanzschuhen in der Hand und todmüde …

Meinen Vornamen habe ich verstärkt meinem Vater zu verdanken. Zur Auswahl standen Nora, was so viel bedeutet wie die Ehrenhafte. Und Mira, die Wunderbare.

Ich bin nicht mal sicher, ob meinen Eltern die Bedeutung damals klar war. Meine Mutter wurde bereits für den Kaiserschnitt fertig gemacht, mein Vater durfte damals ohnehin nicht in den Kreißsaal. Als ich letztendlich doch noch ohne Eingriff zur Welt kam, waren bereits viele Stunden vergangen. Die Hebamme, ebenfalls eine Edith, teilte daraufhin meiner Mutter mit, dass das Mädchen schnell dem völlig aufgelösten Vater gebracht werden müsse. »Der wird sonst ohnmächtig.«

So bekam meine Mutter eine Mira Edith Ungewitter zurück in die Arme. Der Name Edith, die Kämpferin, tauchte an so vielen Stellen auf, dass dies wohl unvermeidlich war. Es war der Name meiner Großtante, der Name der Hebamme und der Name einer damals bereits verstorbenen guten Freundin meiner Mutter. Allerdings bin ich mir sicher: Wäre meine Mutter nicht einverstanden gewesen, würde ich heute anders heißen.

Obwohl ich ein »Papa-Kind« war, hat die Beziehung zu meiner Mutter eine ganz besondere Tiefe. Ein Spiel von uns war es mich zu fragen:

»Mia, wie groß bist du?«

Ich hob die Hände: »So groß.«

»Und wie stark bist du?«

Ich winkelte die Arme an: »So stark!«

»Und wie heißt du?«

»Mia Witter!«

Trotz oder gerade wegen dieser Nähe und Ähnlichkeit haben meine Mutter und ich aber auch bis heute die stärkeren Reibungspunkte. Was in der Pubertät tränenreiche Kämpfe in H&M-Umkleidekabinen waren, sind heute eher Meinungsverschiedenheiten in theologischen Fragen.

Müde war ich nicht mehr, als ich nach vielen Strophen »Wie ein Strom von oben« und meinem zweistündigen Powernap im Schoß meiner Mutter aufwachte.

Der Schock hatte bei allen nachgelassen. Mein Vater hatte Eimer und Kescher gerettet und die Fischlein in die Freiheit entlassen. Meine Eltern einigten sich darauf, eine Apotheke aufzusuchen, und meine Wunde wurde mit einer Salbe versorgt. Ich wollte sofort wieder schwimmen gehen, obwohl das Salzwasser brannte, aber der Mittagsschlaf hatte mir ohnehin genug Meer-Zeit gestohlen. Zu den Felsen ging es erst wieder am nächsten Tag, aber es gab auch so genug Neues in der Bucht zu entdecken.

In den kommenden dreizehn Jahren war über einen alternativen Urlaubsort nicht zu verhandeln. Weder mit mir noch später mit meinem kleinen Bruder Hagen. Hagen, der wohl beste kleine Bruder der Welt, wurde künftig gerne von mir bis zum Hals eingebuddelt. Auch sonst hatte er unter seiner acht Jahre älteren Schwester zu leiden.

Als mein Bruder seine Expeditionen mit Papa an der Hand zu den Felsen startete, verschoben sich meine Neugier und mein Freiheitsdrang in andere Richtungen. Lange Nächte am Strand mit neuen Freunden. Neue Abenteuer im Lichtkegel von Taschenlampen mit warmem Bier und süßem Pfirsichschnaps. Das erste Mal Knutschen und das erste Mal unter zu viel Pfirsichschnaps leiden. Höchst dramatischer Liebeskummer. Ich weiß nicht, wie viele Gebete ich damals in Zusammenhang mit meinem mehrfach gebrochenen Teenagerherz betete. Dagegen war ein Sturz auf die Felsen im wahrsten Sinne des Wortes ein Kinderspiel.

Vom Sturz am Meer ist mir bis heute eine zarte Narbe geblieben. Sie zieht sich einmal quer über mein Schlüsselbein. Als Kind hatte ich Sorge, die Narbe sei hässlich. Heute liebe ich sie. Ich sehe sie jeden Tag im Spiegel. Mal fällt sie mehr, mal weniger auf. Manchmal denke ich zurück an den Moment auf dem Felsen. Es ist eine meiner frühsten und intensivsten Kindheitserinnerungen: Der selbstbewusste Entschluss zu springen. Der Sturz. Das Gefühl, dass es wirklich etwas Schlimmeres ist und keine normale Beule. Der Blick über die Schulter zu meiner Ausrüstung. Das Getragenwerden, das Singen. Einige Erinnerungen sind deutlicher, andere blasser und sicherlich auch mit späteren Eindrücken vermischt.

Aber stärker als all die Einzelheiten ist mir ein tiefes Gefühl der Unerschrockenheit in Erinnerung geblieben. Einfach machen. Einfach springen. Und letztendlich auch einfach fallen.

»Ich kann das alleine.« An diesem Tag offensichtlich nicht.

Es wäre natürlich kompletter Schwachsinn, wenn ich jetzt sagen würde, ich hätte als Fünfjährige auf einer Felskante meinen Kinderglauben reflektiert. Nach dem Motto: Da ist der gute Hirte beziehungsweise der liebe Gott, mir kann nichts passieren. Was ja auch nicht der Fall war.

Trotzdem glaube ich, dass der Glaube, den ich als Kind hatte, mir viel Selbstvertrauen gab. Manchmal vermisse ich schmerzlich dieses unerschütterliche Gefühl meiner kindlichen Gottesbeziehung.

Natürlich hat sich mein Glaube seitdem verändert. Und ich halte offene Fragen, Zweifel bis hin zum Verzweifeln am Glauben für normal und dringend notwendig. Glauben an oder besser gesagt Vertrauen auf Gott ist für mich nichts Statisches. Vertrauen auf Gott ist für mich Bewegung. Vertrauen ist ein Weg, eine Reise. Ein Strom, wie es in dem Lied heißt. Ich traue niemandem, der mir erklärt, er zweifele nie an Gott oder er hadere nie mit biblischen Texten. Ich habe eine Menge Bauchschmerztexte. Texte, die ich schwer zugänglich finde, die mich verstören oder ärgern.

Der Text vom wilden Schäfchen gehört nicht zu meinen Bauchschmerztexten, auch wenn das Bild des guten Hirten zugegebenermaßen etwas romantisiert wird. In der Bibel sind es gerade mal vier Verse. Ungefähr so: Hirte und Schafe. Ein Schaf weg, Hirte sucht. Schaf gefunden, Party mit Nachbarn. Große Freude.

Egal, was passiert. Egal, was ich tue. Da ist jemand, zu dem ich nicht nur zurückkommen kann, sondern auch jemand, der mich sucht, der Interesse daran hat, wie es mir geht. Jemand, der niemals böse auf mich ist. Selbst wenn ich manchmal umgekehrt vielleicht sogar böse auf ihn bin. Was mich fasziniert, ist, dass es in der Geschichte nicht darum geht, wie der Hirte sich um die braven Schafe kümmert, sondern darum, wie er das wilde Schäfchen rettet. Die Neugier des Schäfchens, die Herde zu verlassen, wird an keiner Stelle kritisiert, aber es wird gerettet, wenn es sich verletzt.

Die Verletzung ist aus meiner Sicht auch keine Strafe für ein Schäfchen, das zu neugierig war, sie gehört einfach dazu. Stürze aus allen Höhen gehören zum Leben dazu.

Glauben heißt deshalb für mich nicht, Gefahren auszublenden, sondern dass ich mir trotz der Gefahr etwas zutrauen darf. Vertrauen, nicht anstatt der Angst, sondern in der Angst und durch die Angst durch.

Und ich bin der festen Überzeugung, dass Glaube nur in Freiheit entsteht und mit Neugier beginnt. Mit der Neugier, dass da etwas Größeres sein könnte. Etwas Größeres, das mit der gewaltigen Größe des Meeres zu tun hat, aber eben auch mit jedem einzelnen wilden Schäfchen.

Ich glaube, dass Gott mir die Freiheit gibt, ein neugieriges Leben zu führen. Wenn Glaube nicht befreit, wenn er nicht den Wert der Lebensqualität steigert, wenn er nicht mutiger macht, läuft aus meiner Sicht etwas falsch.

Anders als damals meine Oma glaube ich nicht an einen Gott, der die Neugier und die Freude am Leben und der Freiheit mit Beulen am Kopf bestraft. Freiheit und Neugier sind für mich immer mit einem Risiko verbunden, sich zu verletzen. Aber Freiheit heißt für mich nicht automatisch alles allein zu schaffen.

Ich will heute gar nicht alles allein schaffen müssen. Deshalb bin ich dankbar dafür, dass mein ganzes Leben von vielen Menschen geprägt ist. Menschen, die ich liebe, die mich begleitet und die mir geholfen haben, und Menschen, die mir eine Lehre waren. Von all diesen Menschen habe ich unfassbar viel gelernt.

Und ich bin dankbar, dass ich Gott vertrauen kann, nicht weil ich muss, sondern weil ich will. Nicht aus Angst, sondern aus Mut. Nicht aufgrund von Verboten, sondern aus Freiheit.

Weil ich alleine ganz viel kann, aber nicht muss. Und weil am Ende die Freude und ein Fest stehen.

KAPITEL 2

SCHEITERND UND FREI

»Mira, du musst Prioritäten setzen.«

nnerlich sage ich mir: Das tue ich doch. Es sind halt nur nicht ihre Prioritäten. Oder die der anderen Lehrerinnen und Lehrer. Ausgerechnet meine Religionslehrerin fühlt sich berufen, ein ernstes Gespräch mit mir zu führen. Ich mag Frau Weite. Sie ist mindestens zwei Köpfe kleiner als ich. Aber sie besitzt eine innere Größe, die ihresgleichen sucht. Wir gehen über den leeren Schulhof, vorbei an den Tischtennisplatten.

»Auf der Lehrerkonferenz wurde diskutiert, ob du die 12. Klasse nicht freiwillig wiederholen willst. Selbst in Religion sind deine Leistungen nicht mehr besonders gut.«

Ich muss trotz des Ernsts der Lage fast lachen: »Unter gar keinen Umständen.«

Wenn ich mir bei einer Sache sicher bin, dann dass eine Ehrenrunde gar nichts bringt. Freiwillig eine Klasse zu wiederholen, ist für mich die absurdeste Vorstellung überhaupt. Abgesehen davon, kenne ich niemanden, der dadurch besser geworden ist. Denjenigen, die sich davor abgemüht haben, fällt es auch in der zweiten Runde nicht leichter. Jährlich nach den Sommerferien sind die anderen »Mangelhaften« zudem erst mal stigmatisiert als die

»Neuen«, die innerhalb des Klassengefüges abgeklopft werden. Schwerer haben es nur die Springerinnen, »Streberinnen«, die eine Klasse übersprungen hatten.

Von der 5. Klasse an war ich schlecht in der Schule und ab der 7. Klasse jedes einzelne Jahr bis zum Abitur versetzungsgefährdet. Mit »schlecht« meine ich nicht ab und an eine Vier. Unter meiner Schullaufbahn und somit auch unter einer langen Zeit meines bisherigen Lebens stand das Urteil »mangelhaft«, gelegentlich »ungenügend« und mit viel Arbeit und Wohlwollen »ausreichend plus«. Sieben Jahre lang Sorgenkind. Ich war es gewohnt, die Schülerin zu sein, die ihren Lehrern und Lehrerinnen Ärger, Verzweiflung oder zumindest permanent Sorge bereitete.

Noch heute bin ich gleichermaßen irritiert und fasziniert von Leuten, die mir erzählen, sie hätten nie ein »ungenügend« oder ganze zwei »mangelhaft« in ihrer Schullaufbahn erhalten. Heute frage ich mich, was das für ein Gefühl gewesen sein muss, niemals einen blauen Brief bekommen zu haben. Niemals verheult seine Eltern aus der Schule angerufen zu haben. Niemals ein wimmerndes »Mama, ich habe eine Fünf. Kannst du es Papa sagen?«.

Jedes Jahr bangten meine Eltern und ich wieder um meine Versetzung, wenn auch aus unterschiedlichen Gründen. Wenn es einen Grund für mich gab, mich anzustrengen, war es der Wunsch, in meiner Klasse und bei meinen Freundinnen zu bleiben. Die düsteren Prognosen meiner Lehrer und Eltern waren zwar alles andere als schön. Aber so weit dachte ich als Zwölfjährige noch nicht. Dafür hatte meine Mutter ein sehr genaues Bild vor Augen: »Wenn du so weitermachst, putzt du im Supermarkt die Fleischtheke.« Nicht, dass dies keine ehrenhafte Tätigkeit ist, aber es rangierte nicht unter meinen Traumberufen.

Zumindest dachte meine Mutter über das Abitur hinaus. Meine Lehrer fokussierten sich primär auf das Ende der Schulzeit.

»Der Stoff ist wichtig für das Abitur«, lautete ihr Mantra. Rück-
fragen wie: »Wofür brauche ich Kurvendiskussionen im Leben?«,
blieben meist unbeantwortet. Manchmal verwiesen meine Lehrerinnen immerhin auf den Supermarkt: »Ihr habt später im Supermarkt auch nicht immer einen Taschenrechner dabei!« Oh, wie haben sie sich getäuscht.

Um der Fleischtheke zu entkommen und der Klasse erhalten zu-
bleiben, blieb mir nur eine Möglichkeit: mündliche Mitarbeit.
Mal mehr, mal weniger qualifizierte Wortbeiträge. Kombiniert mit
Referaten, der Klassiker aller verzweifelten Problemschülerinnen.
»Wenn ich noch ein Referat halte, bekomme ich dann mündlich
noch eine Drei plus?«

Ordentlichere Mitschülerinnen mit schlechten Noten setzten
auf die Heftkontrollen. Doch in meinem Fall war auch das aus-
sichtslos: Ich hatte häufig nicht einmal ein Heft. Später fand ich
das cool. Wer brauchte schon ein ordentliches Heft? Doch als ich
jünger war, hätte ich liebend gern ein sauberes Heft geführt. Ich
schaffte es nur einfach nicht. Bei den ersten Seiten war ich immer
noch bemüht. Ich wollte, dass meine Aufzeichnungen genauso or-
dentlich waren wie die meiner Freundinnen. Akkurate und vorraus-
schauende Abstände von Kästchen und Zeilen. Eine saubere Handschrift. Bei mir war es spätestens ab der dritten Seite ein Gemetzel
zwischen Füller und Tintenkiller. Da half auch kein Löschpapier.
Irgendwann gab ich einfach auf. Dennoch waren Hefte gerade in
Nebenfächern ein wichtiges Werkzeug der Leistungskontrolle.

Eine Musikstunde ist mir bis heute in Erinnerung geblieben: Herr
Süßmost, unser Musiklehrer, war ein wirklich netter Mann. Seine
Größe und seine tiefe Stimme flößten uns trotzdem einen enormen Respekt ein. Es war die letzte Stunde des Halbjahres. Fünfte
oder sechste Klasse. Also noch ziemlich zu Beginn der Gymnasial-
zeit, als ich meine Leistungsverweigerung noch nicht begann, cool

zu finden. Die Stunde war fast vorbei. Unerwartete Heftkontrolle.
Der alphabetische Reihenfolge nach.

»Baumann, Becker …«

Jede Schülerin ging einzeln mit ihrem Heft zum Pult. Blanke Panik. Meine Eltern hatten für vieles Verständnis. Aber eine schlechte Note in Musik?! Einem Fach, in dem die Hälfte der Zeit gesungen wurde? Das wäre ein neuer Tiefpunkt und schwer zu rechtfertigen.

»Neumann, Pfeiffer, Pohl …«

Meine Stoßgebete wurden immer verzweifelter: »Lieber Gott, bitte tu was. Egal was. Bitte!«

Es war einer dieser Momente, wo das eigene Wollen und das Bewusstsein der eigenen Abhängigkeit von der Situation so intensiv verschmolzen, dass ich die Kraft dessen physisch spüren konnte. Parallel ratterten durch meinen Kopf diverse Varianten fauler Ausreden. Aber es war die letzte Stunde, keine Möglichkeit einer zweiten Chance. Unerbittlich wurden die Namen aufgerufen. Gleich war es so weit.

»Seidel, Thomas, Winkler …«

Moment mal, »U« wäre dran gewesen. S – T– U. Ich wurde ausgelassen.

»Wolff, Zimmermann.«

Es klingelt. Die Erlösung. Schnell weg. Ein fassungsloses Dankgebet:

»Danke, lieber Gott, danke, danke, danke!«

Es blieb bei einem »Gut« in Musik, wie auch immer es letztendlich zustande kam. War es Zufall? Unverschämtes Glück? Für mich war es ein Hauch der göttlichen Gnade, die sich bis heute durch mein Leben zieht. Ein Heft hatte ich Ende dieses Schuljahres zwar keines. Aber ich bin froh, dass ich heute dank Herrn Süß most »Die Gedanken sind frei« auswendig kann.

Es war Segen und Fluch zugleich, dass ich häufig mit Musterschülerinnen befreundet war. Segen, weil ich ohne ihre Hilfe niemals die Schule geschafft hätte. Fluch, weil mir ihre Nähe immer besonders verdeutlichte, was für eine Versagerin ich war.

Ich erinnere mich an einen Nachmittag bei meiner damals besten Freundin. Fanny war die Klassenbeste. Bei uns bekamen alle Schülerinnen, egal ob Fünftklässlerin oder Oberstufenschülerin, für jede Eins in der Klassenarbeit ein Tierbild aus dem Rektorat geschenkt. Kaninchenpaare. Babykatzen. Igelfamilien. Und natürlich Pferdebildchen. Diese wurden dann jedes Mal feierlich an die Einser-Kandidatinnen bei der Rückgabe der Klassenarbeiten verteilt. Meine Klassenarbeiten waren dem Schuldirektor auch bekannt. Von jeder Note musste ein »Exemplar« abgezeichnet werden. Sowohl an der Leistungsspitze als auch am tragischen Schluss traten für gewöhnlich immer dieselben Namen hervor. Und dieses Autogramm der Schande, der zusätzlichen Schmach, traf regelmäßig dieselben drei Leidensgenossinnen.

Das Zimmer meiner Freundin war frisch renoviert. Es roch nach frischer Farbe und neuem Teppichboden. Im ehemaligen Kinder-, jetzt Jugendzimmer befand sich immer noch eine Armee pastellfarbener Porzellanteddybären, umgeben von Backstreet-Boys-Postern aus der Bravo. Auf dem Schreibtisch lag Fannys gestapelter Erfolg in Form von Tierbildern. Ich weiß nicht mehr genau, um welches Fach es sich handelte. Aber ich tippe auf einen meiner drei damaligen Krisenherde: Latein. Mathe. Englisch. Nach dem Vorbild amerikanischer Teeniefilme saßen wir nicht an Tischen, sondern lagen extrem cool zum Hausaufgabenmachen auf dem weichen, blauen Teppich.

Fanny gab sich wirklich Mühe, mir irgendetwas zu erklären. Ich verstand es aber einfach nicht. Auf einmal war ich unfassbar wütend auf mich selbst. Mir wurde klar, dass ich oft auch einfach faul war.

Von der Grundschule war ich es gewohnt gewesen, nichts tun zu müssen, um gut zu sein. Mit einem Zeugnis aus Einsen und Zweien hatte ich die Grundschule verlassen und war somit der

»Höheren Töchterschule« für würdig befunden worden. Damals noch erfolgsverwöhnt, hatte ich die 5. Klasse, die mit Latein anfing, begonnen. Und damit hatte meine Musterschülerinnen-Karriere geendet. Bereits das erste Deutsch-Diktat am Gymnasium war eine Katastrophe gewesen.

In Lichtgeschwindigkeit hatte ich den Anschluss verpasst. Es war eine Mischung aus so vielem: Nicht können. Nicht wollen. Doch wollen. Es dann aber nicht verstehen. Jetzt war ich neidisch, dass meine Freundin Fanny das alles anscheinend mühelos hinbekam. Ich war neidisch auf die Tierbilder, ihre saubere Handschrift, und wollte es gleichzeitig gar nicht sein. Mir schossen die Tränen in die Augen. Dort saß sie, die vorbildliche Klassenbeste, hier ich, die hoffnungslose Problemschülerin. Obwohl oder gerade weil wir Freundinnen waren, wollte ich nicht, dass meine Freundin etwas merkte. Dafür war ich in der Sekunde zu stolz.

Zum Abschreiben war ich jedenfalls nicht zu stolz. Auch nicht bei den Klassenarbeiten. Eine Arbeit ist mir in besonderer Erinnerung geblieben: Es war die letzte Klassenarbeit des Jahres. Mittelstufe. Endgegner Latein. Von dem Ausgang der nächsten neunzig Minuten hing meine Versetzung ab. Alles andere konnte ich ertragen. Aber die Vorstellung, eine Klasse wiederholen zu müssen, war das Schlimmste.

Die Schultische waren mit Horden von Glücksbringern überfüllt. Diddl-Mäuse in diversen Größen. NICI-Schafe und Marienkäfer aus Plüsch, die einen von allen Seiten breit angrinsten. Dazwischen verwaschene Stoffunikate, die einige Mädchen schon seit ihrer Geburt durch Freud und Leid begleitet hatten. Ich hatte keine Glücksbringer. Aus Überzeugung. Abschreiben und Schummeln belasteten mein Gewissen kein bisschen. Aber auf ein Stofftier in Sachen Glück zu setzen, wiedersprach vollkommen meiner christlichen Überzeugung, das war auch mit vierzehn so. Ich hatte mich wie gewöhnlich in den Schlaf gebetet und hoffte auf ein Wunder.

Neben den Kuscheltieren türmten sich Tupperdosen und eine halbe Obstabteilung. Daneben Schokolade und diese ekligen Traubenzuckerplättchen. Mit der Verpflegung hätte man gut und gerne den Kalorienbedarf einer Marathonläuferin decken können. Für die kulinarischen Minimalistinnen reichte ein Schokokuss-Brötchen vom Kiosk um die Ecke. Der Name war Programm. Ein Brötchen mit einem zerquetschten Schokokuss drauf. Ohne Butter und dazu eine Cola light. Normale Cola macht schließlich dick. Nachdem sich die ganze Klasse in der Fünfminutenpause in eine kollektive Panik versetzt hatte, traf schließlich unsere Lehrerin Frau Rotling ein. Nach einer kontroversen Debatte zum Thema Lüften wurde zumindest zehn Minuten das Fenster geöffnet. So konnte zumindest etwas von der Vanilledeo-Wolke eliminiert werden. Es folgten die standardisierten Worte vermeintlicher Beruhigung. »Wer gut vorbereitet ist, muss sich keine Sorgen machen.« Für mich waren diese wohlgemeinten Floskeln eher ein zusätzlicher Schlag in den angespannten Magen. Darauf erst mal ein Stoßgebet und ein Schluck Cola light.

»Lieber Gott, lass es bitte gut gehen«.

Ich war natürlich nicht gut vorbereitet. Zumindest nicht so, wie unsere Lehrerin es sich vorstellte. Wäre ich es gewesen, hätte sich Gott gut und gerne um etwas anderes kümmern können. Meine Vorbereitung bestand darin, neben meiner klassenbesten Freundin zu sitzen und zu hoffen. Vor allem lag diese Hoffnung darauf, dass man uns nicht auseinandersetzte. Das wäre eine Katastrophe gewesen. Jeder wusste, dass es für mich um alles ging. Die Klasse wusste es. Meine beste Freundin wusste es. Sie versicherte mir, extra groß zu schreiben. Falls es zwei unterschiedliche Arbeiten geben sollte, würde sie versuchen, ein, zwei Sätze für mich mitzuübersetzen. Mein Fokus lag auf dem Grammatikteil. Ich verstand zwar die Komplexität der Sprache nicht, aber mit auswendiggelernten Formen konnte selbst ich gelegentlich ein paar Punkte holen. Zum

Beispiel Alliterationen wie »*veni, vidi, vici*« erkennen. Wenigstens etwas. Und natürlich wusste auch Frau Rotling, dass ich kurz davor war, »kleben zu bleiben«. Sie teilte die Blätter aus. Erfahrungsgemäß war das Umsetzen der Abschreib-Verdächtigen das Erste, was passierte.

Nichts dergleichen geschah. Das erste Wunder dieses Tages. Alle durften auf ihren Plätzen bleiben. Selbst ich. Wunder Nummer zwei: keine unterschiedlichen Gruppen. Somit wirkte das »Viel Erfolg« auf dem Recyclingpapier nicht mehr ganz so spöttisch. Trotzdem galt es, die Nerven zu behalten. Bloß nicht heulen.

Meine klassenbeste Freundin begann zu übersetzen. Das war schon mal gut. Sie war gut. Auch ich versuchte dem Text etwas abzuringen. »*Carpe Diem*« ging mir durch den Kopf. Nutze den Tag. Ein Rat aus der Sprache, die mir jetzt mal wieder schwarz auf weiß vor Augen führte, wie wenig ich wusste. Nichts, um genau zu sein. Alles oder Nichts. Versetzung oder Rücksetzung. Angst, Verlust, Niederlage. Die Zeit lief. Meine Freundin Fanny übersetzte weiter. Ich schrieb ab. Nicht Wort für Wort. Schön realistisch bleiben. Endziel: Ausreichend.

Frau Rotling sieht alles, das wussten wir. Unmöglich, dass sie es diesmal nicht sah. Aber sie bemühte sich, mich dies nicht spüren zu lassen. Sie schritt nicht ein. Sie ertrug es und so trug sie mich dadurch. Es lief den Umständen entsprechend gut. Mit dem Klingeln setzte die Erleichterung ein. Ich ging raus, um den Zweier-Kandidatinnen nicht zuhören zu müssen. Das übliche »Ich habe bestimmt eine Fünf«-Gesäusel ging los. Nicht, dass ich das Lied nicht auch singen würde. Aber ich brach dann nicht bei einer Zwei minus vor Verzweiflung in Tränen aus.

Die Pause war vorbei. Ich ging zurück in den Klassenraum. Frau Rotling war schon längst im Lehrerzimmer. Nur mein Heft lag noch da. Ich musste mich fast übergeben. Normalerweise wurde ein Heft unter diesen Umständen niemals angenommen. In den fünf Minuten hätte man ja fuschen können. Was das bedeutete, war klar: »Ungenügend« oder nachschreiben. Ohne Fannys »Hilfe«. Beides wäre mein Ende in der Klasse A. Ich lief um mein Leben. Ich hämmerte an die Tür des Lehrerzimmers. Tränen kullerten. Nicht aus Berechnung. Es waren Tränen purer Verzweiflung. Frau Rotling musste von einem anderen Lehrer geholt werden. Ich wartete und wurde immer nervöser. So musste sich die Ewigkeit anfühlen. Sie stand vor mir. »Ich schwöre, ich habe nicht noch was dazugeschrieben. Wirklich nicht«, beteuerte ich. Sie nahm das Heft. Das dritte Wunder.

Manchmal nimmt die Gnade unverhofft die Gestalt einer Lateinlehrerin an.

Eine Woche später folgte die Stunde der Wahrheit. Frau Rotling kam mit dem Jutebeutel in die Klasse. Der Jutebeutel des Grauens. Gott sei Dank machte sie keine Anstalten, die Rückgabe hinauszuzögern. Eine furchtbare Unart. Nahezu eine Foltermethode, die einige Lehrer solide beherrschten. »Wenn ihr die Arbeiten sofort zurückbekommt, seid ihr den Rest der Stunde so unkonzentriert.« Genau! Da man ansonsten die Ruhe selbst bleibt im Anblick des Pennymarkt-Beutels, der über das Schicksal entscheidet.

So oder so. Aber auch ohne Verzögerung blieben noch weitere Möglichkeiten des Spannungsaufbaus übrig. Der Klassenspiegel. Ich kannte das Prozedere: Schlimmstenfalls wird hierbei bei den schlechten Noten angefangen. Eine Sechs. Uhhh. Ein Raunen geht durchs Klassenzimmer. Die Diddlmaus hat ihren Job nicht gemacht. Drei Mal die Fünf. Ich beginne zu rechnen, wer die anderen armen Schweine sein könnten. Dann sechs Mal »Ausreichend«. Es könnte hinhauen. Hoffnung. Danach ist alles egal. Ab »Befriedigend« war ich raus.

Diesmal bekamen die Einser als Erstes ihre Hefte. Ehre, wem Ehre gebührt. Dazu natürlich weitere Tierkärtchen für die Sammlung. Natürlich auch für Fanny, die bis zum Abitur noch viele Tierkärtchen bekommen sollte. Aber wenn ich es jemandem an diesem Tag gönnte, dann ihr. Ich war ihr unendlich dankbar. Egal, wie es ausging.

Dann bekam ich mein Heft. »Ausreichend plus«. Vier gewinnt. Versetzt. Besser noch als gedacht. Besser als erbeten. Und absolut unverdient. Zum einen Teil dank der Hilfe meiner Freundin. Aber eben auch Dank der gnädigen Haltung meiner Lehrerin.

Heute würde ich es mit Martin Luthers Worten ausdrücken. Sogar auf Latein: *Sola gratia.* Allein aus Gnade.

Nicht nur ich, auch meine Eltern waren überglücklich. Versetzt, und das mit einer Vier plus. Ein Grund, um im Hause Ungewitter zu feiern. Für uns alle war mein schulisches Scheitern ein Lernprozess. Was tun, wenn deine Tochter eine Sorgenschülerin ist? Was ich erst nach und nach begriff: Das Schlimmste waren für meine Eltern nicht meine schlechten Leistungen. Das Schlimmste für sie war, dass ich zu Beginn meine schlechten Noten verschwieg. Ich bekam zwar keinen Ärger. Aber natürlich löste ein schlechter Test auch keine Begeisterungsstürme aus. Ich versuchte die Hiobsbotschaft anfänglich hinauszuzögern. Gleichzeitig bedrückte mich das Verheimlichen aber noch mehr als die schlechte Note selbst.

Einmal musste ich von einer Freundin, bei der ich übernachten wollte, spätabends abgeholt werden. Wir hatten an dem Tag einen Religionstest wiederbekommen. Ich hatte unter anderem »Christen« ohne »h« geschrieben. Ich verheimlichte den schlechten Test und bekam abends furchtbare Bauchschmerzen. Ich hielt den selbstauferlegten Druck nicht mehr aus.

Scheitern ist Übungssache. Der Umgang damit auch. Meine Mama erklärte mir später, dass das Schmerzhafteste für meine Eltern sei, mich so gequält zu sehen. »Weißt du, wie oft ich mit Fünfen und Sechsen nach Hause komme? Die sehen bei mir nur anders aus.« Das half irgendwie.

Darüber hinaus verbrachte mein Papa Stunden damit, mit mir Hausaufgaben zu machen, als ich noch korrekte Angaben über das

Pensum tätigte. Und ich weiß nicht, wie viel Zeit und Geld über
die Jahre in Nachhilfe investiert wurden. Neun Jahre Schule sind
eine lange Zeit. Mein Umgang und meine Einstellung änderten
sich im Lauf der Jahre. Was aber blieb, war die Einstellung meiner Eltern. Sie verurteilten mich nie für meine schlechten Leistungen, aber ich trug dafür selbst die Verantwortung. Es ging nicht
darum, mich schuldig zu fühlen, und natürlich gab es Wechselwir-
kungen, die mit Lehrerinnen und Freundinnen zu tun hatten. Sowohl im Negativen wie im Positiven. Aber niemand anderem war
die Schuld für das Scheitern in die Schuhe zu schieben. Weder
Lehrern noch Mitschülerinnen.

Heute weiß ich, dass meine Eltern überlegt hatten, mich von der
Schule zu nehmen. Zum Glück taten sie es nicht. Auch wenn ich
alles, was mit dem Leitungssektor zu tun hatte, hasste und meine
Lehrer, bis auf einige Ausnahmen, in erster Linie für Spießer hielt,
war ich gerne Teil der Klassen-, aber auch der Schulgemeinschaft.
    Es war eine besondere Schule. Eben eine katholische Mädchen-
schule. Auf dem hölzernen Schultor war ein Messingschild befes-
tigt, auf dem ein Segelschiff eingraviert war. Der Dreimaster stand
symbolisch für die heilige Ursula. Laut der Legende hatte die Prin-
zessin mit 11.000 Freundinnen per Schiff eine Wallfahrt nach Rom
unternommen. Auf dem Rückweg wurden sie in Köln allerdings
nicht von Ursulas zukünftigem Gatten, sondern von den Hunnen
empfangen. Da die Frauen an ihrem Glauben festhielten, kamen
sie alle als Märtyrerinnen um. Die Geschichte wurde stark ausge-
schmückt. Auch kann ich bis heute nicht viel mit »Heiligen« anfangen. Nichtsdestotrotz gefiel mir die Vorstellung dieser mutigen
Frauenunternehmung. Obwohl das Vorhaben am Ende scheiterte.
    An der Pforte saß rechts in einem Fensterchen der Hausmeis-
ter und kontrollierte den Eingang. Unbefugtes Betreten der Mädchenschule war verboten. Kein noch so verliebter pubertärer Ro-
meo bekam die Chance die »heiligen Hallen« seiner Angebeteten

zu betreten. Und bei rund 1.000 Schülerinnen kamen einige Verehrer zusammen. Meist rauchend und gelegentlich mit Blumen bewaffnet, standen sie im Schatten der großen Schulkirche. Allerdings vor der Tür.

Entgegen aller Vorurteile erlebte ich die Lehrer weder als besonders streng noch waren wir Schülerinnen sonderlich »zickig«. Ein Wort, das ohnehin gestrichen werden sollte. Natürlich gab es Streitereien und es wurde auch gelästert. Was bei Jungen als gesunder Konkurrenzkampf regelrecht gefördert wird, gilt bei Mädchen jedoch als »zickig«.

Im Gegenteil, trotz aller pubertären Untiefen menschlichen Verhaltens verband uns Ursulinen immer eine besondere Solidarität. Natürlich prägte auch das religiöse Umfeld den »besonderen Geist« der Schule. Katholische Messen, Wallfahrten, Besinnungstage und das tägliche Gebet vor der ersten Stunde – weder ich noch meine Freundinnen hatten da immer Lust zu. Dennoch hat es meinen Horizont erweitert, auch wenn Weihrauch, Reliquien sowie viele theologische Ansichten mich bis heute gelinde gesagt befremden. Trotz der theologischen Differenzen und der Tatsache, dass ich nicht katholisch war, durfte ich Messdienerin sein. Der Priester ließ mich sogar als Kerzenträgerin in der Weihnachtsmesse im Kölner Dom gewähren. Wo ich mich prompt falsch aufstellte, auch hier war die Möglichkeit zum Scheitern gegeben. »Mira, einen Trichter bilden«, schallte es durch das Kölner Wahrzeichen. Es waren rund 1000 Schülerinnen, alle Lehrer, meine Eltern und mein kleiner Bruder dabei. »Was macht Mira da vorne?«, fragte mein Bruder Hagen interessiert. Eine Frage, die meine Eltern nur achselzuckend mit »Deine Schwester wird Papst« beantworteten. Klerikale Absichten hatte ich sicherlich keine. Dass eine Stunde Unterricht für die Vorbereitung ausfiel, war Motivation genug.

Eine Aussage eines Priesters veranlasste mich jedoch damals schon zu vehementem Protest. »Jesus mag keine lauten Kinder«, wies uns der Priester vor dem Betreten der Schulkirche zurecht. »Jesus hat gesagt: ›Lasset die Kinder zu mir kommen‹«, prustete es aus mir raus. Ich bekam fast Schnappatmung bei einer so gewaltigen Fehleinschätzung.

Meine Eltern hatten sicherlich wie viele andere auch die Vorstellung, dass ihre Tochter auf der Schule ruhiger werden würde. Brav. Adrett. Wissbegierig und ohne unnötige Ablenkung.

Das Gegenteil war der Fall. In unserer Klasse sammelte sich eine Fraktion von Mädels, die es faustdick hinter den Ohren hatten. Wir waren laut, wild, furchtbar lustig und unfassbar schmerzfrei. Wettrülpsen, Papierkugeln aus Strohhalmen an die Decke spucken. Klassenbücher stehlen. Schwänzen.

Die gnädige Lateinklausur sollte nicht mein letzter Tanz auf dem Drahtseil der Versetzungen sein. Und um die Spannung zu halten, variierten die Fächer. Diesmal hatte ich es vergeigt. Ausgerechnet vor der Oberstufe. Die gute Nachricht war: Mit einer schlechten Vier hatte ich mein Latinum bestanden. Die schlechten Nachrichten hießen »Mangelhaft« in Englisch und Mathe. Die einzige Chance: Nachprüfung. Das Zweitschlimmste, was passieren konnte. Nachprüfung bedeutete den Verlust der heißgeliebten Sommerferien. Immerhin durfte ich zwei Wochen mit nach Spanien. Aber der ganze Urlaub stand unter dem dunklen Vorzeichen der darauffolgenden Wochen, denn ich musste früher nach Hause fliegen. Als ich allein in unserer Wohnung ankam, traute ich meinen Augen nicht. Die ganze Küche war von einer grünen, verschimmelten Art Schlammschicht überwuchert. Es stank bestialisch. Ein kaputtes Abflussrohr musste literweise Abwasser zurückgepumpt haben.

Unangenehmer war nur, was folgte. Mathe. Trigonometrie. Gleichschenklige Dreiecke. Der Satz des Pythagoras. $a^2 + b^2 = c^2$. Falls Gamma 90 Grad. Drei Wochen Sommerschule. Zwei Worte, die

35

eigentlich konträr zueinander standen. Sommer und Schule. Damals eine passende Metapher der mittelalterlichen Vorstellung der Hölle. Ein heißer Ort. Es roch nach Angstschweiß und Versagen. Seelische Qualen gescheiterter Schülerinnen. Verzweiflung. Dann passierte etwas Krasses: Völlig unerwartet fand ich am Ende der Tortur Gefallen an dem Lehrstoff. Vielleicht war das mein persönliches Stockholm-Syndrom. Aber ich verstand es. Es machte beinahe Spaß, Dreiecke zu berechnen. Ich bestand die Nachprüfung und zog mit einer enormen Überheblichkeit ins Oberstufengebäude ein.

Danach hieß es allerdings schnell wieder: »Mira fällt im Mathematikunterricht primär durch unerlaubtes Essen und Trinken auf.«

Profitierte ich beim Abschreiben noch in erster Linie von der Leistung anderer, entwickelte ich beim Fuschen über die Jahre einen unbändigen Ehrgeiz.

»Kleinkopieren« war das Maximum technischer Unterstützung beim Täuschungsversuch. Hierzu ging ich regelmäßig in die Videothek. Neben VHS-Kassetten, Film-Merchandise und Popcorn standen hier eben auch Kopierer. Der Geruch von Popcorn löst in mir immer noch eine Mischung aus Filmvorfreude und Stress aus. Kleinkopierte oder handschriftliche Spickzettel klebte ich auf Innenseiten von Flaschenetiketten, schob sie unter transparente Nylonstrumpfhosen oder versteckte sie in Mäppchen und Hosentaschen. In de Oberstufe wechselte ich die Taktik. Ab da hieß es: Je größer, desto besser. Die erlaubten »Schmierzettel« einfach so dreist wie möglich vorpräparieren und bei Gefahr im Vollzug einfach behaupten, das hätte ich gerade erst notiert.

Das war also mein jahrelanges tagtägliches, extremes Krisenmanagement. Und jetzt, im 12. Jahrgang, auf der Zielgeraden, sollte ich freiwillig wiederholen?! Egal, wie verständnisvoll und gut gemeint der Ton meiner Religionslehrerin war. Punkte fürs Abi hin oder her. Hier gab es für mich keinen Verhandlungsspielraum. Ich hatte ausgerechnet, dass es funktionieren könnte. Alles oder nichts. Dafür reichten meine Fähigkeiten zumindest. Scheitern von mir aus. Aber gar nicht erst antreten. Niemals.

Nicht ohne Genugtuung sollte ich Recht behalten. Letztendlich bestand ich dann doch mein Abitur mit einem Durchschnitt von 3,4. Für mich ein Erfolg, für die Beraterin des Arbeitsamts war diese Leistung nicht mehr wert als ein müdes Lächeln. Vielleicht entstand genau in dieser tristen Amtskulisse das erste Mal eine Ahnung davon, dass Erfolg und Scheitern auch eine Frage der Perspektive seien können.

Viele Jahre später habe ich nicht nur mein Abitur in der Tasche, sondern auch mein Examen als Theologin. Während ich diese Seiten schreibe, habe ich das erste Mal seit Ende meiner Schulzeit die staubige Rollkiste mit den alten Heften und Schulsachen unter dem Bett hervorgeholt und geöffnet. Klausurbögen. Die guten schwarzen Hefte. Collegeblöcke und auch eine Diddlmausmappe. Bezeichnenderweise weint die Maus mit der Latzhose. Mich überkommen gemischte Gefühle. Flashbacks in jeglicher Form.

Ich bin ironischerweise von mir selbst beeindruckt. So viele schlechte Urteile. Eine schier unendliche Abfolge von kleinen und großen Prüfungen. Hätte ich Kinder, würde ich sie umgehend umarmen und ihnen sagen, dass sie die tapfersten Menschen der Welt sind.

Meine ganze Schullaufbahn war ein persönliches Trainingslager des Scheiterns.

Klar kann man die Erfahrungen einer letztendlich ziemlich behüteten Schülerin einer Mädchenschule belächeln. Und natürlich gibt es noch ganz andere Felder, bei denen man mit viel krasseren Folgen versagen kann. Weder war ich drogensüchtig noch eine notorische Ausreißerin.

Vieles ist auch eine Frage des Horizontes, in dem wir zu einer bestimmten Zeit denken und leben. Aber gerade deshalb habe ich empfunden, was ich damals empfunden habe. Als Zwölfjährige war für mich die Frage »Reichen meine Noten aus, um versetzt zu werden?« existenziell. Heute sind es andere Unsicherheiten. Mittlerweile weiß ich, dass auch »die Guten« nicht automatisch von Existenzängsten frei waren.

Die Schulzeit hat sich tief in mein Unterbewusstsein gegraben. Ich träume immer noch gelegentlich davon, eine letzte Prüfung schreiben zu müssen und keinen Abschluss zu haben.

Woran lag es letztendlich? Weder meine Eltern noch meine Lehrer hielten mich für dumm. Das hat die Sache nicht automatisch leichter gemacht. Faulheit? Konzentration? Didaktik? Nicht können? Nicht wollen? Ich wünschte, ich könnte sagen, ich wäre unterfordert gewesen. War ich aber nicht.

Heute glaube ich, dass es alles und nichts davon war. Besser gesagt, es wechselte sich über die Jahre miteinander ab. Aus »nicht können« wurde »nicht wollen«. Aus Verzweiflung darüber wurde eine Kampfansage: Irgendwie muss es klappen. Lösungsorientiert.

Viel wichtiger als die Frage »Warum?« ist für mich heute die Frage: »Was habe ich daraus gelernt? Wer bin ich dadurch geworden?«

Die wichtigste Lektion war und ist für mich die Gnade. Die eigentlich tagtägliche Erfahrung, dass es irgendwie weitergeht. Neben den großen Klausuren waren es Millionen Momente unverschämter Gnade. Natürlich gab es auch größere und kleinere Erfolge. Paradoxerweise hat mich eine bessere Note, ob aus Gnade, Leistung oder einer guten Mischung daraus, immer stärker motiviert als eine schlechte, die mit den Worten »Damit du dich beim nächsten Mal noch mehr anstrengst« überreicht wurde. Dass vor allem Sog und nicht nur Druck einen besser werden lassen, war eine Lektion der kommenden Jahre.

Sowohl Erfolg als auch Niederlage empfinde ich heute als ein unerklärliches Zusammenspiel von Leistung und Fügung. Die Kraft von etwas Unverfügbarem, was letztlich doch trägt. »Gott ist spätestens pünktlich« ist eins meiner persönlichen geflügelten Worte geworden. Was nicht heißt, dass es immer angebracht ist, es auch auszusprechen.

»Mangelhaft« stand vielleicht über meinen Zeugnissen. Aber nicht über meinem Leben. Die wichtigste Erkenntnis ist daher für mich: Ich bin nicht meine Leistung. Mein Wert ist nicht *vor* Gott, sondern *von* Gott bestimmt. Das nicht nur zu hören, sondern auch zu verinnerlichen, war einer der größten Befreiungsschläge meines Lebens. Und der Prozess dahin ist nicht abgeschlossen.

Meine Leistungen sind nicht ich. Ich werde nicht geliebt »weil …« oder »trotz …«, sondern ich werde geliebt. Punkt. Mein Selbstwert ist nicht an meine Leistung gebunden. Trotzdem ist eine gute Leistung schön, das ist mir später bewusst geworden.

Ich war und bin eins von Gottes Sorgenkindern. Aber ich bin ein sehr vertrauensseliges Sorgenkind geworden. Und gnädiger mit mir selbst.

KAPITEL 3

WAGEMUTIG UND FREI

»Oh mein Gott.«

ch höre auf zu laufen und bleibe einen Moment stehen. Von Weitem hatte ich schon die schwarzen Geier gesehen, mir aber nicht viel dabei gedacht. Außerdem war ich zu konzentriert darauf gewesen, einem großen Bananenlaster auszuweichen, der Ladung zu einem der Schiffe brachte. Dann spüre ich, wie mein Puls fast explodiert. Obwohl ich die Szene nur ein paar Sekunden wahrnehme, brennt sich mir das Bild tief ein. Am Straßenrand liegt eine riesige braun-grüne Würgeschlange, lang ausgestreckt. »Gleich sieht sie mich und kommt auf mich zu«, schießt es mir durch den Kopf. Es vergeht eine Sekunde, bis ich den Zusammenhang zu den Geiern herstelle. Gleich darauf sehe ich die große offene Wunde, an der die Aasfresser zu fressen begonnen haben. Der Anblick ist verstörend. Die Schlange ist tot. Mein Herz schlägt trotzdem schneller denn je. Ich mache auf dem Absatz kehrt. Joggen ist das nicht mehr. Ich renne. Ich will so schnell wie möglich wieder zum Schiff.

Ich weiß, dass die die tote Schlange keine Gefahr darstellt. Aber der Schreck sitzt tief. Und das Blut pocht durch meinen Körper. Ich laufe so schnell es geht weiter. Mir ist heiß. Mein Atem pfeift.

Ich mache den iPod mini aus. Nicht, dass man Schlangen besonders gut hören könnte, aber ich will mich konzentrieren. Wo eine
Schlange ist, da könnten noch weitere sein. Warum ist eigentlich
ausgerechnet jetzt niemand weit und breit zu sehen? Ich laufe den
schmalen Asphaltweg zurück. Misstrauisch schaue ich immer wieder nach rechts in Richtung Mangrovensumpf.

Der Grasstreifen, der die Straße vom Mangrovensumpf und der
Lagune trennt, ist nur wenige Meter breit. Ziemlich sicher war
dort im Sumpf das ehemalige Zuhause der armen Schlange. Rechts
von mir liegt das Karibische Meer. Keine Ahnung, woran die Würgeschlange starb. Vielleicht haben die honduranischen Soldaten sie
getötet und liegengelassen. Das wäre grausam. Trotzdem bin ich
in der Sekunde froh, sie nicht lebendig angetroffen zu haben. Irgendwann sehe ich das weiße Schiff mit der blauen Aufschrift *Caribbean Mercy*.

Mit dem Schiff in Sichtweite stellt sich die Erleichterung ein.
Mit jedem Schritt werde ich etwas sicherer. Ich laufe über das
Dock und erreiche das Schiff.

Es waren bereits einige Wochen vergangen, seit ich in Honduras
und an Bord der *Caribbean Mercy* angekommen war, auf der ich drei
Monate lang Teil der Crew war. Das Schiff war früher ein norwe-
gisches Postschiff. Jetzt diente es als schwimmende Klinik und war
in Zentralamerika und der Karibik unterwegs. Rund 120 Crewmitglieder aus über vierzig Nationen halfen ehrenamtlich dabei, medizinische Versorgung an entlegene Orte zu bringen. Menschen ohne
Geld und ohne Zugang zu medizinischer Hilfe wurden an Bord
kostenlos behandelt. Das Motto: *Bringing Hope and Healing*.

Das Schiff lag in einem vom honduranischen Militär kontrol-
lierten Hafengebiet. Ohne eine personalisierte ID-Card war der
Zugang nicht möglich. Diese Sicherheit ermöglichte uns neben
der Arbeit an Bord auch in dem Gebiet joggen oder an den Strand
zu gehen. Schlangen und Moskitos ließen sich natürlich nicht von

bewaffneten Soldaten beeindrucken. Genauso wenig die Pelikane, die uns regelmäßig auf dem Schiff besuchten und sich auf der Reling sonnten und uns beim Mittagessen zusahen.

Die Aufgabenverteilung auf dem Schiff richtete sich nach Beruf und Fähigkeiten: Ärztinnen operierten, Köche kochten, Handwerkerinnen reparierten, was zu reparieren war. Ich spülte Teller. Viele Teller.

Untergebracht waren wir in kleinen Schiffskajüten. Gefühlte zwei Quadratmeter, die wir uns zu viert teilten. Vor den zwei Hochbetten konnten maximal zwei Personen gleichzeitig stehen. Meine Privatsphäre beschränkte sich auf mein Bett. Dafür war die Aussicht unbezahlbar: Von einem Bullauge aus hatte ich den perfekten Blick auf einen grünen Küstenstreifen. Dazwischen das türkis-blaue Wasser der karibischen See. An meinem Kopfende hatte ich Fotos und Briefe angebracht. Analoges Facebook 2004. Am Abend konnte ich in meiner gemütlichen Ecke in Ruhe lesen.

Manchmal sind es unerwartete Begegnungen, die mein Leben beeinflussen. Manchmal sind es Bücher. Mein Lieblingsbuch auf dieser Reise war das Buch »Das Abenteuer leben« von Deborah Copaken Kogan. Eine amerikanische Fotojournalistin, die mit ihrer Kamera in widrigsten Umständen die Kriegsregionen und Krisenherde der Erde dokumentiert. Das Buch beeindruckte mich tief. Eine Frau, die sich in einer Männerdomäne behauptet und allein um die Welt reist. Ohne Gefahren und Grenzsituationen zu verharmlosen, schreibt sie von der Schönheit und den Schrecken ihrer Erlebnisse. Das Abenteuer leben und mich den Herausforderungen der Welt stellen – das wollte ich auch.

Honduras ist kein Kriegsgebiet, dennoch gibt es auch heute noch genug Backpacker, die einen Bogen um das Land machen. Zu gefährlich. Auch das Auswärtige Amt hat einige Hinweise, die vor allem Frauen auf Gefahren hinweisen. Hinweise, die meiner Meinung nach unbedingt ernst zu nehmen sind. Außerdem finde ich es wichtig, als »Touristin« das eigene Verhalten grundsätzlich kritisch zu hinterfragen, egal wie ehrenhaft das Reisemotiv auch sein mag. Letztendlich besitze ich das Privileg, Länder zu bereisen, die von Armut und ihren Folgen geprägt sind. Und zu den Ursachen dieser Armut trägt nicht zuletzt auch mein Konsumverhalten bei. Trotzdem darf die Angst darüber, dass mir etwas passieren könnte, nicht mein Leben bestimmen. Das gilt nicht nur für das Reisen, sondern für das gesamte Leben.

Auf einer Pastorentagung, die in einem idyllisch gelegenen Seminarhaus stattfand, unterhielt ich mich kürzlich mit einem Kollegen. Es war eines dieser formelleren Small-Talk-Gespräche bei einem gutbürgerlichen Mittagessen mit Kartoffelkroketten. Ein klassischer Austausch über die Mitgliederzahlen und Projekte der jeweiligen Kirchengemeinden. Die Pastoren-Variante von »Mein Haus, mein Auto, mein Boot«. Irgendwie kam das Gespräch zwischen Flüchtlingsarbeit und Winterspielplätzen auch auf die Urlaubsplanung. Mein Pastoren-Kollege berichtete von seinem geplanten Urlaub auf dem Bauernhof, mit drei Kindern in der Hochsaison. Ich erzählte von meinem bevorstehender Bulli-Trip an die französische Atlantikküste. Low-Budget, kein Komfort, aber im schönsten aller Reisemonate: September.

Nun ist eine Tour durch Europa mit Smartphone und ADAC-Plus-Mitgliedschaft zwar aufregend, aber auch nicht gerade der Gipfel der Gefahr. Dennoch schwang Bewunderung und Respekt in seinen wohlmeinenden Worten mit:

»Alleine? Als Frau? Hast du denn keine Angst?«, fragte mich mein Kollege.

»Das ist der Preis der Freiheit«, schoss es aus mir heraus.

Ich will die Freiheit auskosten und mich jeden Tag neu herausfordern lassen. Ich glaube, dass jedem Menschen überall und immer etwas passieren kann.

Angebrachte Vorsicht, ja. Limitation und ein Leben, das einengt, auf keinen Fall.

Es war eine dieser schicksalhaften Begegnungen zwischen Tür und Angel, die mich auf die *Caribbean Mercy* in Honduras brachte. Die ältere Schwester einer Schulfreundin hatte mir in einer Fünfminutenpause im Oberstufengebäude von dem Projekt erzählt. Ich wusste sofort: Das will ich auch machen. Ich stand kurz vor dem Abitur und hatte noch keine weiteren Pläne für mein Leben. Den Gedanken, erst mal ein Gap-Year zu machen und mich dabei christlich-sozial zu engagieren, fand ich toll.

Später in einer sozialen Einrichtung oder sogar einer Gemeinde zu arbeiten, konnte ich mir aber beim besten Willen nicht vorstellen. Im Gegenteil: Ich erinnere mich genau an einen Moment, in dem ich in der letzten Reihe auf der Empore meiner damaligen Gemeinde saß und auf die leere große weiß-lila Kanzel schaute, auf der unser Pastor später predigen sollte, und dachte: Das ist der letzte Job auf der Welt, den ich machen wollen würde.

Die Vorschläge meiner Eltern waren pragmatisch gewesen. Sie wollten, dass ich eine solide Ausbildung mache. Was für eine Ausbildung, war egal. Ich sollte bloß nicht ewig halbherzig herumstudieren. Ich stand ihren Vorschlägen recht emotionslos gegenüber. Wirklich begeistern konnte ich mich für sie nicht, aber ich hatte auch keine großen anderen Ideen. Jetzt galt es aber ohnehin erst mal zu reisen. Der Rest war eine Sache für Zukunfts-Mira.

So trat ich sechs Monate nach dem Abitur mit unzähligen Impfstoffen in der Blutbahn und dem Kopf zugleich voller Heimweh und Fernweh die Reise an. Ich gehörte nie zu den Menschen, die völlig sorglos und frei von Angst ins Unbekannte aufbrechen. Jede Reise ist auch ein Risiko und damals war mein Aufbruch auch ein Aufbruch raus aus der Komfortzone. Aber auch eine neue Herausforderung, die es zu meistern galt und die mich neugierig machte.

Seit der Grundschule war ich eines dieser Heimwehkinder. Tagsüber nur Unfug im Kopf und eine große Klappe. Sobald der fiese rote Früchtetee das Schinkengraubrot runtergespült hatte und wir in die Stockbetten der Jugendherberge mussten, vermisste ich meine Eltern und meinen Baby-Bruder. Die Freude an Abenteuern und Reisen an unbekannte Orte blieb trotzdem.

Auch mit neunzehn schlug mein Herz für große Wagnisse und Herausforderungen. Gleichzeitig wusste ich, dass ich meine Familie und Freunde vermissen würde. Meine Zerrissenheit in Extreme zieht sich durch mein Leben wie ein roter Faden. Vielleicht half mir bei meiner Fahrt nach Honduras auch ein wenig meine jugendliche Naivität.

Meine Eltern standen meiner Reise ebenfalls mit gemischten Gefühlen gegenüber. Glücklicherweise konnte man damals noch nicht jedes Abenteuer zu Tode googeln. Trotzdem reichten die verfügbaren Informationen und die elterliche Fantasie vollkommen aus. Um eine mittelmäßig vernunftbegabte 19-Jährige allein durch eines der gefährlichsten Länder der Welt reisen zu lassen, musste meine Mutter eine Menge Gottvertrauen aufbringen. Als mein Vater Jahre später eine Radio-Reportage über Honduras und San Pedro Sula hörte, wurde ihm ganz anders. Die Stadt, in der ich insgesamt vier Tage allein verbrachte, gehörte zu den Metropolen mit der höchsten Mordrate. Hier begann also das erste wirklich große Wagnis meines Lebens. Nicht nur für mich, sondern auch für meine Eltern.

Mein Wagnis war es, zu gehen. Das meiner Eltern, mich gehen zu lassen.

Damals noch mit einem schweren, sperrigen Rollkoffer an der Hand. Mein Gepäck bestand aus einer Mischung aus Sommerklamotten, Bikinis und einem Badeanzug. Auf dem Schiff waren keine Bikinis erlaubt. Die christliche Organisation ließ in puncto Bademode keinen Spielraum. Meines Erachtens hätte man aus ästhetischen Gründen eher die praktischen, aber furchtbar hässlichen Hosen mit abnehmbaren Beinen verbieten sollen, von denen ich allerding auch eine dabeihatte. Daneben hatte ich einige Garnituren der vorgeschriebenen »Arbeitsuniform«, sprich schwarze Hosen und weiße Poloshirts, dabei. Im Portemonnaie honduranische *Lempiras,* die aufwendig bei der Bank organisiert werden mussten. Literweise Anti-Mücken-Spray. Eine Reiseapotheke und Steckdosenadapter. Zahllose Fotos und Briefe von meiner Familie und meinen Freundinnen. Nicht gerade pragmatisch, aber damals die Reiseapotheke meiner Seele. Für zukünftige Erinnerungen kamen noch ein kleines gelbes Reisetagebuch und eine Digitalkamera mit ins Gepäck.

Das Wichtigste war für mich aber mein neuer goldener iPod mini. Tausend Songs ohne die Schlepperei von CDs und Discman. Musik gehört für mich bis heute zum Reisen dazu. Für mich bestimmt das Reisen die Musik und die Musik das Reisen. Ähnlich wie beim Essen, kann es Musik geben, die an einem Ort wunderschön ist und zuhause nicht mehr recht passen will. Musik, die ich sonst nie hören würde, wird umgekehrt unerwartet an einem besonderen Ort zur schönsten, die ich je gehört habe.

Manchmal kommt alles zusammen. Ein Abend an Deck des Schiffes. Ein Sternenhimmel, der einem den Atem raubt, und dann »Malaika« von Miriam Makeba und Harry Belafonte. Magisch. Die Liebe zu den beiden Musikern und Bürgerrechtlern habe ich von meinen Eltern geerbt.

1000 Songs. 3 Monate. 10.000 Kilometer. Ein Ozean. 3 Tage Anreise.

Die erste Herausforderung war es, in Chicago meinen Anschlussflug nach Miami zu bekommen. In Florida angekommen, musste ich mir spät in der Nacht ein Hotel am Flughafen suchen. Mein Schulenglisch war nicht sonderlich gut. Trotzdem kam ich am Gepäckband mit einer Amerikanerin ins Gespräch. Ich war müde und aufgeregt. Sie bestärkte mich genau im richtigen Moment: *»Make a difference in the world.«* Die Worte taten gut. Schon drückten sich die Tränen in meine Augen.

Als ich aus dem Flughafen trat, schlug mir das feuchtwarme Klima Floridas entgegen. Es fühlte sich aufregend an. Einen Moment lang dachte ich darüber nach, jetzt allein feiern zu gehen. Ich war schließlich in Miami. Gleichzeitig war ich müde und hatte ja nicht mal ein Hotelzimmer. Außerdem ist es schwierig ein Taxi zunehmen, wenn man nicht mal weiß, wo man hinwill. Ich würde wohl am Flughafen schlafen müssen. Eine Situation, die mich heute maximal etwas nerven würde, empfand ich mit neunzehn Jahren als sehr beängstigend.

Mit Hilfe eines Flughafenmitarbeiters buchte ich schließlich ein Zimmer in einem großen Hotel. Das Zimmer war riesig. Ich fühlte mich klein. Eine gewisse Anspannung fiel ab. Gleichzeitig wurde mir bewusst, dass ich nun wirklich allein war. Zwar noch nicht am Ziel, aber schon ziemlich weit weg von zuhause.

Ich erreichte meine Eltern. Ihre Stimmen zu hören, machte es aber nicht leichter. Im Gegenteil, meine Gefühle brachen durch wie Wasser durch einen maroden Damm. Und ich wollte nicht, dass meine Eltern sich Sorgen machten. Eigentlich war ja alles gut. Ich war genau da, wo ich sein wollte.

Die Nacht in Miami sollte die einsamste Nacht meines bisherigen Lebens werden. Ich litt leidenschaftlich. Zerrissen zwischen Vorfreude und Heimweh, platzte zusätzlich noch eine alte Liebeskummerwunde auf, von der ich dachte, sie sei bereits halbwegs vernarbt. Aber am stärksten war die Einsamkeit. Ich kam nicht zur Ruhe.

Irgendwann fing ich an zu beten. Manchmal ist mein Denken Beten und mein Beten Denken. Auch mitten im Durcheinander. Das war schon damals in dieser Nacht so. Mein Gebet war kein Aufsagen eines Textes oder ein innerlich schlüssiger Monolog. Doch ich spürte plötzlich eine Ruhe in mir. Eine heilige Ruhe. Es war eine dieser Situationen in meinem Leben, in denen sich an den äußeren Umständen nichts änderte und auch der Liebeskummer blieb Liebeskummer. Das Heimweh blieb Heimweh. Und die Vorfreude blieb Vorfreude. Aber ich spürte eine tiefe Ruhe.

Am Morgen ging es weiter nach Honduras. Zurück zum Flughafen. Im hellen Licht des Tages wirkte alles freundlicher. Ich weiß nicht mehr, warum ich zwar in Honduras vorab ein Hotelzimmer gebucht hatte, aber nicht in Miami. So kam ich mit einem Taxi in meinem Hotel in der Millionenstadt San Pedro Sula an. War ich die Nacht davor noch eingeschüchtert gewesen, war ich jetzt wie beflügelt: »Jetzt sitzt du hier allein in Honduras und trinkst einen Cappuccino mit Zimt auf dem Milchschaum!«, dachte ich lächelnd. Dass es in Honduras Cappuccino gab, wunderte mich. Das vertraute Getränk inmitten einer unvertrauten wilden Umgebung mit Blick auf einen Berg. Ich war schlagartig begeistert.

Als die Organisation meinen Aufenthalt an Bord bestätigte, hieß es in dem dazugehörigen Schreiben, ich würde am 24. Oktober um 10:30 Uhr am Flughafen von San Pedro Sula eine Gruppe weiterer Freiwilliger treffen. Mit der Gruppe sollte ich dann gemeinsam um 13:30 Uhr nach Trujillo fliegen. Dort würden wir abgeholt und an Bord gebracht werden. Ich hatte weder Namen noch Telefonnummern und hoffte darauf, dass ich die Gruppe schon irgendwie erkennen würde. Groß war der Flughafen zum Glück nicht. Doch zum geplanten Zeitpunkt war niemand weit und breit zu finden. Ich erkundigte mich an dem einzigen Schalter nach einer amerikanischen Gruppe und dem bevorstehenden Flug um 13:30 Uhr. Der Mitarbeiter wusste nichts von einer Gruppe und teilte mir mit, dass es an diesem Tag nur einen Flug nach Trujilio geben würde, und zwar um 11 Uhr. 30 Minuten bis zum Start.

Ich musste schnell eine Entscheidung fällen. Mein Handy funktionierte zwar in Miami, allerdings nicht in Honduras. Eine funktionierende Telefonzelle gab es auch nicht.

Ich konnte weder meine Eltern noch jemanden von der Organisation erreichen. So entschied ich mich nicht länger zu warten und irgendwie allein aufs Schiff zu kommen. Ich kaufte ein Ticket. Teuer war es nicht. Vorbei an schwer bewaffneten Soldaten ging ich übers Rollfeld und stieg in die kleine Propellermaschine. Ohne eine Ahnung, wie es nach der Landung weitergehen sollte.

In dem karibischen Städtchen Trujillo angekommen, sammelte sich sofort eine Traube Taxifahrer um mich. Alle waren sehr freundlich, trotzdem fühlte ich mich unsicher und bedrängt. Keiner der Wagen hätte eine deutsche TÜV-Prüfung bestanden. Ich war nicht mal sicher, ob man mit dem Wagen ohne offizielles Schreiben bis zum Schiff – wo auch immer es lag – gelangen würde. Ich hatte Glück: *Caribbean Mercy* verstand der Taxifahrer, zu dem ich letztlich in den Wagen stieg, sofort. Die Anwesenheit des schwimmenden Krankenhauses hatte sich weit herumgesprochen. Nach dieser letzten Reiseetappe kam ich nachmittags nach insgesamt drei Tagen Anreisezeit ziemlich fertig am Hafen an. Zumindest war mein Name registriert und das Taxi durfte aufs Gelände fahren.

Und dann sah ich auf einmal endlich das Schiff. Entspannt schwamm davor eine Gruppe Leute. Von Weitem entdeckte ich etwas Vertrautes: orangene Schwimmflügel. Wie ich sie selbst als Kind gehasst habe. Erstaunlich, wie sehr man sich in der Fremde über etwas Banales freuen kann, nur weil man es kennt. Sie gehörten den Kindern der Familie, die das Schiff leitete und die mich sofort begrüßte.

Ich war angekommen. Nach einer kurzen Einweisung an Bord sprang ich endlich ins Karibische Meer.

Die Arbeit im Spülteam machte Spaß. In der »Pantry«, dem Vorraum zur Küche, wurde gespült. In der Mitte stand ein alter CD-

Player. Das Team war bunt gemischt: Debby, eine frisch geschiedene agile Seniorin, die sich nichts sehnlicher als christliche Ehemänner für ihre Töchter wünschte. Joyce aus Jamaika, die diesen Wunsch recht trocken damit kommentierte, dass gerade christliche Ehemänner die schlimmsten sein können. Der unfassbar fleißige Joon aus Korea, der seinen Hund mehr vermisste als seine Verlobte. Und Elke, eine Journalistin aus Hamburg, die von sich selbst sagte, sie glaube nicht an Gott, die aber aus Interesse an dem Projekt dabei war. Wir haben heute noch Kontakt.

Schmutziges Geschirr und Musik von »Out of Eden«, einer christlichen Variante von »Destiny's Child«. Eine Mischung aus Gospel und R&B. Wir sangen und tanzten durch die Schichten und Massen an dreckigem Geschirr.

Die Spülschichten an Bord sollten eine gute Vorbereitung auf meine Zeit als Pastorin in Wien sein. Egal ob zehn Kästen Bier einkaufen, Bauschutt zur Mülldeponie fahren oder Toiletten putzen – einen »Dienst«, ohne mir neben theologischer Kopfarbeit auch die Hände dreckig zu machen bzw. Gummihandschuhe zu benutzen, kann ich mir heute nicht vorstellen.

Meine Pausen nutzte ich gern zur Abkühlung im Meer. Zwischen dem Festland und dem Schiff lag ein knapp hundert Meter ins Wasser reichender Steg. Dieses Schiffsdock war rund vier Meter hoch. Einfach zwischendurch ins Wasser zu können, war ein Traum. Auch wenn das angeschwemmte Haiskelett eines Morgens ein ähnlich mulmiges Gefühl wie die Schlange auf meiner Joggingstrecke hinterließ. Und dann waren da noch die silberglänzenden Barrakudas, die im Wasser auf ihre Beute lauerten.

Erstaunlich, wie gut man Gefahren verdrängen kann, wenn die Sonne scheint. Ebenso erstaunlich, wie man eine eigene Gefahr für sich selbst sein kann. In diesem Fall riskierte ich einen Kopfsprung von dem vier Meter hohen Dock. Dummerweise tauchte ich nicht senkrecht ein, sondern schaffte es, mit meinen Oberschenkeln auf der Wasseroberfläche flach aufzukommen. Die Schmerzen waren von einem anderen Stern. Meine Oberschenkel verfärbten sich nicht dunkelblau, sondern fast schwarz. Ich wollte nicht zuletzt einen attraktiven Bilderbuch-Sonnyboy beeindrucken, der an der Reling stand. Ein Wagnis, das ich mir hätte sparen sollen. Zumal es ihn ohnehin wenig interessierte.

Eine größere Herausforderung als die zu spülenden Tellerberge war der dreifache Kulturschock, den ich in Honduras bekam:

Mein erster Kulturschock: Honduras und die einheimische Bevölkerung, in der brutale Armut herrschte und die oft weite Wege und lange Wartezeiten allein für medizinische Grundversorgung an Bord des Schiffes in Kauf nahm. Zum ersten Mal in meinem Leben war ich mit unfassbarer Armut konfrontiert. Einen tiefen Eindruck hinterließ bei mir beispielsweise der Besuch des riesigen honduranischen Gefängnisses, durch das uns ein einheimischer Pastor führte.

Den zweiten Kulturschock versetze mir das Leben an Bord, das im krassen Kontrast zum Leben unserer honduranischen Patienten stand: Hier herrschte ein amerikanisch-europäisch geprägter Wohlstand. Zum Thanksgiving gab es ein komplettes traditionell amerikanisches Festtagsessen. Mit eigens aus den Staaten mitgebrachten Lebensmitteln. Vom Truthahn bis zur Cranberrysauce war alles importiert dabei.

Mein dritter Kulturschock: Die Art und Weise, wie die anderen Crewmitglieder beteten und von Gott redeten. Die Freiwilligen an Bord kamen nämlich nicht nur aus vierzig verschiedenen Nationen und noch mehr verschiedenen Kulturen, sondern auch aus den unterschiedlichsten Konfessionen, Gemeinden und Glaubensgemeinschaften. Sie kamen aus Missionarsfamilien, kleinen schwäbischen Dorfgemeinden oder riesigen amerikanischen Megachurches. Und viele lebten ihren Glauben anders, als ich es aus meiner vertrauten Gemeinde in Köln gewohnt war. Wenn sie von Gott sprachen, klang das ganz anders, als ich es von zuhause kannte. Der Ausspruch »Gott hat mir gesagt« ist vielleicht so ein Beispiel dafür. Gott hatte meinen Crewkollegen beispielsweise gesagt, dass sie an Bord der *Caribbean Mercy* mitarbeiten sollten oder dass sie Medizin statt Maschinenbau studieren sollten. Ich hatte auch das Gefühl und das Vertrauen darauf, eine Verbindung zu Gott zu haben. Aber ich hatte nie das Gefühl, Gott würde mit mir sprechen wie mit Mose aus dem Dornbusch. Nach dem Motto: »Hallo Mira, ich bin da.« Sein Dasein war stiller in meinen Ohren.

Die Konfrontation mit dieser Art und Weise, den Glauben zu leben, löste eine Glaubenskrise in mir aus. Es war irgendwie paradox. Hatte Gott etwa Lieblingskinder? Und sprach Gott mit manchen Menschen deutlicher als mit mir? Ich bekam immer mehr das Gefühl, dass mein Glaube im Vergleich schlechter abschnitt. Jetzt stand ich zwar nicht mehr unter Druck, gute Leistungen zu erbringen und fleißig zu sein. Arbeiten konnte ich gut. Aber mein Glaube stand auf einmal unter Zugzwang.

Ich zweifelte nicht an Gott oder seiner Existenz. Doch ich hatte permanent den Eindruck, nicht gut genug zu glauben. War mein Glauben mangelhaft?

Dabei hatte niemand aus der Crew meinen Glauben in Frage gestellt. Es war einfach ein Gefühl, das sich in mir breitmachte.

Auch oder gerade in Glaubensfragen kann der Vergleich der Beginn vom Unglück sein. Rückblickend waren es nie die Themen Feiern, Alkohol oder Diskussionen mit anderen Gläubigen oder Atheisten, die meine Glaubenskrisen auslösten. Es war immer der Vergleich mit anderen Menschen, die vermeintlich »besser« glaubten.

Es waren Begegnungen mit Christinnen wie Claire, die mir zur richtigen Zeit einen neuen Denkanstoß gaben. Claire war in meinem Alter und kam aus Südafrika und sie arbeitete mit mir im

Spülteam. Sie hatte ein ansteckendes Lachen und wir teilten die Liebe für einen gewissen Sarkasmus. Und Angepasstheit war nicht ihr Ding.

Claire war schon länger an Bord und kannte sich bestens aus. Sie nannte mich »*my baby pink friend*« und zog mich gern mit meiner Vorliebe für die Farbe Hellrosa auf. Wir verbrachten so viel Zeit wie möglich zusammen. Wie das weit von zu Hause passiert, träumten wir von Essen, das wir von zuhause vermissten. Heute versuche ich mir so etwas zu verkneifen. Ich will nicht die Person sein, die in der Fülle neuer Geschmäcker von den Vorteilen von deutschem Brot schwärmt. Dennoch hatten Claire und ich eine gemeinsame Sehnsucht: Käsekuchen mit Erdbeeren. In Ermangelung dieses süßen Traumes backten wir fleißig Bananenbrot nach jamaikanischem Rezept: Zwei Tassen Zucker. Eine halbe Tasse Butter. Zwei Eier. Schaumig schlagen. Drei reife zerquetschte Bananen unterrühren. Dazu drei Tassen Mehl. Zimt. Eine Prise Salz und etwas Backpulver. 170 Grad und eine Stunde später war der Erdbeerkäsekuchen fast vergessen.

Außer unserer Kuchenleidenschaft verband uns auch die Freude am Feiern. Spätestens nach ihrer Story vom Feiern in einem Club in Kapstadt waren wir unzertrennlich. Claire ging genauso gern wie ich tanzen. In einer Nacht trat ihr dabei der Schauspieler Colin Farrell auf die Füße. Auf seine entschuldigende Frage, wie er das wiedergutmachen könne, antwortete Claire, er könne ihr die Füße küssen. Was Collin Farrell dann auch mitten auf der Tanzfläche tat. Mir war sofort klar: Mit der Frau kann man arbeiten. Sie war fantastisch.

Wichtiger war aber, dass Claire mir dabei half, die Dinge einzuordnen, die mich an meinem Glauben zweifeln ließen. Aus ihrer Gemeinde in Südafrika war sie mit den vielfältigen Ausdrucksformen vieler Leute an Bord vertrauter als ich. Von ihr lernte ich, dass es nicht nur eine »richtige« Art und Weise zu beten und von Gott zu reden gibt, sondern unendlich viele. Claire war überzeugt:

Gott liebt Vielfalt und er will keine angepassten Christen. Als ich an meinem Glauben zweifelte, machte sie mir Mut: Dein Glauben ist gut genug. »*You are uniqe and beautiful, Mira*«, versicherte sie mir immer wieder, etwas, an das ich hier erinnert werden musste. Dafür bin ich ihr bis heute dankbar.

Zum Abschied schrieb sie in mein Reisetagebuch: »*Life is not measured by the number of breath you take, but the number of moments that take your breath away.*«

Leider kam ich durch meine Arbeit in der Küche nur selten mit Honduranern in Kontakt. Das lag sowohl an den Sicherheitsvorkehrungen als auch an den begrenzten Transportmöglichkeiten. Zu den Ausnahmen gehörte ein Besuch in einem honduranischen Gefängnis. Ein honduranischer Gefängnispastor führte uns herum. Ich hatte überhaupt keine Ahnung, was mich erwartete.

Das *Trujillo Colon Honduras Prison* glich auf den ersten Blick eher einem Marktplatz. Wenn auch mit hohen Mauern und Stacheldraht umgeben. Frauen und Männer waren gemeinsam inhaftiert. Als wir im Gefängnis ankamen, war Besuchertag und es war dementsprechend voll. Kinder liefen herum und spielten Fangen und Verstecken. Es wurde gepicknickt, wenn man das über ein Familienessen im Gefängnis überhaupt sagen kann. Die Schlafsäle waren riesig. Hohe Stockbetten mit mehreren Etagen türmten sich auf. Die Häftlinge hatten bunte Tücher vor ihre Betten gehängt. Es roch streng. In einigen Bettkammern standen kleine Fernseher. Die Verkabelung war eher wüst. Auf dem zentralen Platz draußen stand eine überdachte Laube mit Plastikstühlen. Hier fanden Gottesdienste und andere Veranstaltungen statt.

Ich kam ins Gespräch mit einem Häftling. Er beteuerte mir seine Unschuld. Wobei ich nicht mal mehr genau weiß, was ihm vorgeworfen wurde. Eine Frau aus dem Team kam mit einer Mutter aus Guatemala ins Gespräch. Sie war als Drogenkurierin erwischt worden. Die junge Mutter hatte ihre kleinen Kinder alleingelassen, um mit dem Drogentransport Geld zu verdienen. Jetzt saß sie in einem Gefängnis in einem fremden Land und wusste nicht, was aus ihren Kindern werden sollte. Kontakt zu ihnen hatte sie keinen. Obwohl ich das Gespräch gar nicht selbst geführt habe, ging mir ihr Schicksal sehr nah. Wie muss sich das anfühlen?

Nach knapp zwei Stunden verließen wir das Gefängnis wieder und verteilten uns auf die weißen klimatisierten Geländewagen und Pickup-Trucks der Organisation. Obwohl die Bedingungen anders als erwartet waren, war ich froh, wieder auf der anderen Seite der Mauern zu stehen. Dass ich per Geburt schon mehr Freiheit mitbekommen hatte als ein Großteil der Menschheit, wurde mir in diesem Gefängnis vielleicht das erste Mal klar.

Solche Begegnungen, in denen man auch nicht aktiv helfen kann, lassen mich hilflos und ohnmächtig zurück. So blöd es klingt, da hilft nur beten. Selbst wenn es ein stummes Gebet ist.

Auch wenn ich selbst nichts bewegen konnte, bewegte sich zumindest etwas in mir selbst: Fragen nach dem Zusammenhang von Gerechtigkeit und Schuld. Von Strafe und Gnade.

Ich war in Honduras zwar noch weit davon entfernt, Pastorin werden zu wollen, aber mir begegnete hier die komprimierte Fülle des Lebens. Diese geballte Form ist jetzt Teil meines Berufs. Leid und Freude. Mal elementar, mal vollkommen banal. Zwischen zu Tode betrübt und himmelhochjauchzend oder beides gleichzeitig. Sich auf all das einzulassen, ist auch Teil eines Wagnisses.

Unvergessen blieb mir auch ein anderer Moment: Gemeinsam mit anderen Mitgliedern der Crew machte ich einen Ausflug in ein nahegelegenes Restaurant. Wobei Restaurant diesen wunderbaren Ort nur mäßig gut beschreibt. Eigentlich war es eine große überdachte Terrasse. Hoch auf einem Hügel, mitten im honduranischen Dschungel. Meerblick inklusive. Betrieben wurde diese kulinarische Oase von einer amerikanischen Aussteigerin und ihrem kolumbianischen Ehemann. Ein weiterer Fingerzeig, dass es Lebensentwürfe außerhalb der Norm gab. Selbstgebackene Nachos. Frittierte Kochbananen. Fisch mit Reis und eine Kokosmilchsauce. Dazu Papaya-Milchshakes.

Wir saßen lange zusammen und genossen die tropische Nacht außerhalb des Schiffes. Auf der Rückfahrt überkam mich plötzlich ein intensives Gefühl von Liebe und Freiheit. Einfach so. Aus dem Nichts und völlig unerwartet. Eigentlich nicht zu dieser Situation passend. Wenn ich aus dem Fenster schaute, konnte ich kaum etwas sehen. Es gab weder einen monumentalen Sonnenuntergang noch einen atemberaubenden Meerblick. Nichts. Und trotzdem fühlte es sich an, als hätte ich mich gerade verliebt. Ich saß ganz still auf meinem Sitz. So glücklich, als ob man mir eine Dosis Glück per Injektion verpasst hätte. Wie ein Rausch, der einige Minuten anhielt.

Vielleicht war es die Gelassenheit des Abends. Das gute Essen. Das Abfallen von Anspannung. Es spielt letztendlich auch keine Rolle. Dieser Moment war wie ein Gebet, ein Gespräch mit Gott, in dem ich das Wort »Danke« nicht mal aussprechen musste.

Irgendwo zwischen einer einsamen Nacht in Miami und orangenen Schwimmflügeln, zwischen Bergen von Geschirr und Musik von »Out of Eden«, zwischen einer Glaubenskrise und einer neuen guten Freundin, zwischen einer ziemlich großen Schlange und Glücksmomenten nach einem exotischen Essen schrieb ich in mein kleines gelbes Tagebuch: »Mir ist bewusst geworden, wie klein mein Horizont ist.«

Allein die Erkenntnis der eigenen inneren und äußeren Grenzen war dieses Wagnis schon wert. Ein Wagnis, von dem ich mehr für mein Leben mitgenommen habe, als ich geben konnte. Spätestens ab jetzt galt es mehr denn je nicht nur Teller zu spülen, sondern Tellerränder zu überschreiten.

Es gibt einige Schiffsgeschichten in der Bibel. Von der Arche Noah bis zu den Fischerbootgeschichten am See Genezareth. Um ehrlich zu sein, habe ich über all diese Geschichten damals keine Minute nachgedacht. Die Verbindung kam mir erst viel später. Nicht zuletzt, weil ich über eine dieser Bootsgeschichten letzten Sommer auf einem großen Jugendfestival gepredigt habe.

Fünfzehn Jahre nach meinem Einsatz auf der *Caribbean Mercy* bin ich Pastorin geworden und stehe auf einer Kanzel und predige. Und das auch noch vor tausend Teenagern. Die schulische Komplettversagerin und gelegentliche Zweiflerin als Predigerin vor tausend Teenagern. Gott hat Humor. Ich bin unfassbar nervös. Es ist der letzte Abend. Das Thema: »Gewagt.« Ich predige über die Erzählung, in der Jesus auf dem Wasser geht und der Jünger Petrus versucht, es ihm nachzumachen.

Die Geschichte ist schnell erzählt: Jesus schickt seine Jünger schon mal mit einem Boot los. Er will seine Ruhe haben und beten. Als das Boot mit den Jüngern in einen Sturm gerät, bricht an Bord blanke Panik aus. Da kommt ihnen auf einmal Jesus auf dem Wasser entgegengelaufen. Jesus läuft einfach über die Wellen. Ganz ohne SUP-Board. Jesu Gang auf dem Wasser ist ebenso berühmt wie unglaublich. Zumindest können es seine eignen Jünger nicht glauben und halten ihn für ein Gespenst.

Petrus, der neunmalkluge Klassensprecherkandidat der Gruppe, ergreift das Wort: »Jesus, wenn du es bist, so befiel mir, zu dir zu kommen auf dem Wasser!« Mit anderen Worten könnte man sagen: Wenn du es mir sagst, wage ich das Unmögliche. Und Jesus sagt nicht: »Sei vernünftig. Bleibe lieber im sicheren Boot sitzen wie die anderen Jünger auch.« Jesus fordert ihn heraus: »Komm her, Petrus! Komm heraus aus dem Boot. Wage das Unmögliche!«

An dieser Stelle will ich gar nicht das Fass aufmachen, ob das alles wissenschaftlich möglich ist. Wie gesagt, wenn man nicht glauben kann, dass Jesus ohne Surfbrett das Wasser überqueren konnte, ist man mit den Jüngern in guter Gesellschaft. Mich interessiert vor allem die Botschaft. Wag es! Lass dich herausfordern!

In meinem Fall war das Wagnis nicht, ein Boot im See Genezareth zu verlassen, sondern mich auf ein Schiff in der Karibik zu begeben, tausende Kilometer von meinem Zuhause entfernt. Herausgefordert durch Begegnungen mit Schlangen, Heimweh und andere Christinnen und Christen. Und wie Petrus bin ich zwischendurch und auch nach meiner Rückkehr nach Deutschland einige Schritte gegangen und dann wieder mal eingesunken.

Spannend ist auch, dass Petrus eigentlich derjenige ist, der Jesus herausfordert: »Auf dein Wort hin werde ich Unmögliches wagen.« So betete Petrus vor 2000 Jahren. Und so bete ich auch heute noch oft. Und ich bete weiter.

Denn ein angepasstes Leben ohne immer neue Herausforderungen könnte ich mir niemals vorstellen.

LERNEND UND FREI

»Frau Ungewitter, ich gratuliere Ihnen
zum erfolgreichen Examen«

D er Dekan der Evangelischen Fakultät der Universität
Bonn reicht mir die Hand. Weitere feierliche Worte ver-
lassen seinen Mund. Worte, an die ich mich nicht mehr
erinnere. Meine einzige Reaktion: »Hallo.« In einer sehr hohen
Tonlage. Als ob ich gerade einen Partygast begrüße. Kein »Danke«.
Kein Ausdruck der Freude. Hallo. Eloquent ging nicht mehr.
Meine klugen Worte sind für diesen Tag schon aufgebraucht.

Erfolgreiches Examen?! Danach sah es vor sechs Stunden noch
nicht ganz aus.

Sechs Stunden Prüfung. Sieben Jahre Studium. Hebraicum. Graecum. Bibelkunde. 2000 Jahre Kirchengeschichte. Zugegebenermaßen einige Epochen intensiver als andere. Eine Zwischenprüfung.
Zahlreiche Klausuren. Diverse Hausarbeiten. 1000 Referate. Zumindest gefühlt. Eine Magisterarbeit: »Die Baptistische Taufpre-
digt«. 120 Seiten. Ein Promotionsangebot.

Höhepunkt und Zielgerade dieser langen Straße: ein sechs-
stündiger Marathon mündlicher Prüfungen durch alle fünf einzelnen Fächer: Altes Testament. Neues Testament. Kirchengeschichte.
Systematische Theologie. Praktische Theologie. Einmal quer durch
die gesamte Theologie. Hört sich schwer an? War es auch.

Jetzt standen alle Professorinnen und Professoren im Halbkreis
im Konferenzzimmer des Dekanats. Neben mir Danny, Sascha und
Laura. Danny ist eine der coolsten Frauen, die ich kenne. Wir sind
in den Studienjahren Freundinnen geworden. Wir saßen regelmäßig verkatert in der letzten Reihe in einem der mit Stuck und Blatt-
gold verzierten Hörsäle und versuchten irgendwie in der Welt der
Theologie klarzukommen. Ihre Magisterarbeit handelte von fairem
Handel und Kirche. Heute betreibt sie ein eigenes faires Modelabel
mit dem Namen »ShipSheip«, ihr Motto: »*Holistic Fashion*«.

Sascha, einer der facettenreichsten Menschen, die ich je kennenlernen durfte, sorgte immer für gute Laune. Neben dem Studium
baute Sascha seine eigene Stadtführungsagentur in Köln auf.
Schwerpunkt Gruselführungen.

Laura entdeckte während des Studiums das Stricken für sich.
Zum Abschied schenkte sie mir einen handgestrickten Affen. Mr.
Monkey II. wohnt heute in meinem Bus.

In den letzten sechs Monaten hatten wir uns gemeinsam durchs
Examen gelitten. Lerngruppen. Telefonate zu allen erdenklichen
Tages- und Nachtzeiten. Austausch von Texten und Tipps. Über-
stunden in der Bibliothek. Das Gewicht von unendlich vielen
noch zu lesenden Büchern in den Taschen und auf den Seelen.
Hatten unfassbar viel gelernt. Vor allem, dass es immer noch mehr
zu lernen gab.

Jetzt waren alle Prüfungen geschafft. Wir auch. Die Ergebnisse,
Urkunden und Zeugnisse bekamen wir direkt im Anschluss. Kein
großer Festakt. Dafür ein inneres Freudenfest.

Mittlerweile wirkte das Konferenzzimmer nicht mehr ganz so
einschüchternd und dunkel. Draußen schien die Sonne und Dan-

nys beste Freundin hatte den Champagner kaltgestellt. Ein blub-
bernder Whirlpool für die Seele. Am liebsten würde ich jetzt auf
dem langen Konferenztisch tanzen – oder mich drauflegen und
schlafen. Ich war mir nicht ganz sicher. Es waren keine Steine, die
von mir abfielen. Es waren ganze Gebirgsketten.

Wieder einmal hieß es: Alles oder nichts. Stunden zuvor hatte ich
an dem langen Tisch gesessen und darum gebangt, überhaupt zu
bestehen.

Mir gegenüber saßen die zwei Prüfer. Wohlgesinnte Prüfer. Es
war die dritte von fünf mündlichen Prüfungen. Ich wusste, dass
meine Klausur im Fach »Altes Testament« schlecht war. Schulzeit-
schlecht. Mangelhaft. Wenn meine mündliche Prüfung nicht mindestens eine Zwei, ein »Gut« werden würde, würde ich das komplette Examen wiederholen müssen. Horror.

Zum Theologiestudium gehört das Studium der alten Sprachen, Hebraicum, Graecum und Latinum. Das ist keine unnötige
Schikane oder der ultimative Test, ob man ausreichend »nerdig«
genug ist. Die alten Sprachen sind notwendig, um die Bibeltexte in
den originalen Sprachen, in denen sie verfasst worden sind, lesen
zu können. Entgegen der Erwartung meiner Lateinlehrerin, die
ich kurz vor Studienbeginn zufällig auf der Straße getroffen hatte,
hatte ich im Laufe des Studiums alle Sprachprüfungen wundersam
bestanden. »Aber Mira, du konntest doch nicht mal Latein?! Wie
willst du denn ein Theologiestudium schaffen?« Es war nicht böse
gemeint. Im Gegenteil. Meine Studienwahl erschien ihr nicht nur
sehr gewagt, sondern auch unvernünftig. Sie war besorgt. Durchaus zu Recht. Gott sei Dank, habe ich nicht weiter auf die verbe-
amtete Stimme der Angst gehört.

Die Sprachen fielen mir auch an der Uni nicht leicht. Im Gegenteil. Aber ich kam durch. Nicht immer mit Bravour, aber solide.

Auf den Rat eines anderen Lehrers hätte ich besser gehört. Herr
Prof. W. H. Schmidt riet mir ungefähr im Zeitraum der Zwischen-

prüfung: »Frau Ungewitter! Mit dem Hebräisch ist es wie mit dem Schnaps. Nicht übermäßig. Aber regelmäßig.« Beim Schnaps war ich in den Studienjahren konsequenter. Regelmäßig. Übermäßig. *L'chaim!* Ein hebräischer Trinkspruch, der so viel bedeutet wie »Aufs Leben!« Klüger wäre es gewesen, auf die Schnapsidee des Professors zu hören. Wie gesagt, wäre es gewesen.

Zwar arbeiteten wir auch während des Studiums mit den alten Sprachen und irgendwie wusste ich auch, dass sie am Ende wieder geballt auf mich zukommen würden. Aber ich war schon immer gut im Verdrängen.

Im Hier und Jetzt leben bin ich eine Meisterin. Alles Weitere sind Herausforderungen für Zukunfts-Mira.

In unserem Examen schrieben wir alle eine umfangreiche Magisterarbeit. In den verbleibenden vier Fächern jeweils eine Klausur. Fünf Tage. Vier Klausuren. Jeweils sechs Stunden. Das »Alte Testament«, oder besser ausgedrückt die jüdische Bibel, ist auf Hebräisch verfasst. Sie bildet nach wie vor eine wichtige Säule des christlichen Glaubens. Jesus war Jude. Das Neue Testament beschreibt alles rund um Jesus von Nazareth. Es wurde später geschrieben und ist auf Altgriechisch überliefert.

Sowohl in den Klausuren als auch in den mündlichen Prüfungen bekamen wir eine Textstelle in der jeweiligen Sprache. Auf der Basis der Übersetzung sollten wir unsere jeweilige Prüfungsleistung entfalten. Der Begriff »entfalten« kam in diesem Zusammenhang von einem Professor. Nicht von mir. Ich entfaltete auch nicht sonderlich viel. Zumindest nicht im Fach »Altes Testament«.

Dabei hatte ich gelernt wie nie zuvor. Für jedes Fach bis zum Anschlag. Dann die mehrstündige Klausur. Nach jeder Klausur ging es sofort nach Hause, um weiterzulernen. In der Klausurwoche hatte ich nie länger als vier Stunden am Stück geschlafen. Essen war auch schwierig. Entweder nichts oder absurd viel. Dafür hatte ich Gallonen voll Kaffee in mich gegossen.

Altes Testament war die letzte Prüfung. Ich wusste, dass Hebräisch meine größte Herausforderung war. Griechisch ging. Ich nahm den extrafrühen Zug aus Köln. Köln Süd – Hürth, Kalscheuren – Brühl. Bornheim – Sechtem – Roisdorf – Bonn Hbf. Wie oft war ich diese Strecke in den letzten Jahren gefahren? Unterwegs meine Kopfhörer im Ohr: »*And if Our God is for us, then who could ever stop us?*« Je dringlicher die Lage, desto christlicher die Musik.

Gleichzeitig lernte ich wie die Tage davor auch bis zur letzten Minute. Wer sagt, das bringe nichts, hat keine Ahnung.

Ich kam zu früh im Dekanat an. Müde und hungrig. Gleichzeitig konnte ich nichts essen. Apfelschorle für den Zuckerpegel musste reichen.

Wie die Tage davor trafen sich die Prüflinge im Büro des Dekanats und wurden dann zum entsprechenden Raum gebracht. Die Räume wechselten. Nicht zuletzt aufgrund der Bauarbeiten im Gebäude. Schlagbohrer. Klassisches Hämmern. Elektrische Unkrautfräse. Alles war uns in den Tagen davor akustisch begegnet. Mittlerweile nahmen wir es mit Galgenhumor.

Unsere Klausuren wurden jeden Tag in bunten Klarsichtmappen mitgebracht. Jeder Prüfling hatte eine eigene Farbe. Meine Mappe war türkis. Es waren noch zwanzig Minuten bis zum Prüfungsbeginn. Die leitende Dekanatsangestellte, Frau Wolfert, bat mich, nebenan Platz zu nehmen. Mir war übel. Jetzt saß ich im Büro des Dekans.

Mein Blick schweifte durch den imposanten Raum. Die vier Mappen lagen auf dem Tisch gegenüber. Die türkise Mappe oben auf. Ich bräuchte nur zum Tisch zu gehen und könnte meinen Prüfungstext sofort lesen. Ein Blick und ein kurzes Googeln und der Endgegner Hebräisch wäre überlistet.

Warum nicht? Hilf dir selbst, so hilft dir Gott?! List ist durchaus ein erprobtes Mittel in der Bibel.

Zwanzig Minuten tobte der Kampf in mir. Soll ich oder soll ich nicht? Frau Wolfert telefonierte im Vorraum. War das ein Zeichen? Sollte ich? Sollte ich nicht? Es wäre so einfach.

Anders als in der Schulzeit meldete sich jetzt eine innere Instanz: Nein. Diesmal nicht. Die größte Prüfung meines Lebens würde ich ohne zu fuschen angehen. Koste es, was es wolle. Nicht weil es schlicht richtig war, sondern für mich selbst.

Jetzt würde ich gerne schreiben, dass die Klausur ganz super lief und ich für meine ehrliche Haltung reich und wundersam belohnt wurde. Wurde ich nicht. Ich versagte beim Übersetzen auf ganzer Linie. Nichts ging mehr. Selbst das Gelernte konnte ich kaum noch abrufen.

Ich versuchte dennoch etwas zu schreiben. Das gekrakelte Schriftbild erinnerte stark an die Mira der 8. Klasse. Schwankende Schrift. Die Hälfte durchgestrichen. Nochmal neu. Note: »Mangelhaft«. Kein Wunder.

Vier Wochen und knapp drei Stunden später saß ich also wieder in dem holzvertäfelten Raum. Alles oder nichts. Diesmal mündlich. Ich saß vor den Prüfern. Sie waren wohlgesonnen. Aber mir war klar: Ohne ausreichende Sprachkenntnisse würde mir das auch nichts bringen.

Dass ich überhaupt wieder ein paar Brocken Hebräisch konnte, verdanke ich einer Kommilitonin. Julia, mit der ich während meines ganzen Studiums vielleicht zehn Sätze gewechselt hatte, nahm sich viel Zeit und brachte noch mehr Geduld auf. Stundenlang erklärte sie mir immer wieder die Besonderheiten dieser eigentlich wunderschönen Sprache. Einer Sprache, in der Gott sich Mose im brennenden Dornbusch mit den Worten vorstellt: »Ich der (bei dir) Seiende. Ich bin da.« Bereits Erlerntes kam langsam wieder hoch. Julia war (m)eine Heilige. Manchmal eilen einem Menschen zu Hilfe, von denen man es nicht gedacht hätte. Das galt für mein Studium genauso wie für jede Reise.

In der mündlichen Prüfung verkündete die tiefe Stimme meines Prüfers die Verse. Ich begann in der hebräischen Bibel zu blättern, der *Biblia Hebraica*. Das Hebräische schreibt sich von rechts nach links. Dementsprechend blätterte ich von hinten nach vorne. Ich fand die Stelle. Die erste Hürde war somit genommen. Durch den Prüfungsschwerpunkt waren die potenziellen Texte zwar etwas eingedämmt. Trotzdem, die Bibel ist dick. Und in der mündlichen Prüfung war kein Lexikon erlaubt.

Ich las den Vers auf Hebräisch vor. Schwer genug. Beim Lesen erkannte ich die Stelle wieder. Ich hatte sie schon einmal übersetzt. Ein Teil der Anspannung fiel ab. Trotzdem brauchte es Mühe. Im Anschluss »entfalte« ich meine Prüfungsleistung. Diesmal konnte ich das Gelernte abrufen. Aber hatte es gereicht?

»Hallo«.

In der Hand halte ich meine Magisterurkunde.

»Die Evangelische Theologische Fakultät der Rheinischen Friedrich-Wilhelms-Universität Bonn verleiht Frau Mira Edith Ungewitter den Grad

MAGISTRA THEOLOGIAE.

Gesamtnote: Sehr gut.

Bestnote.«

Dort stand es schwarz auf weiß – und auf Latein. Wörtlich: Lehrerin, sogar Meisterin der Theologie. Erwähnte ich, dass Gott Humor hat? Im Zeugnis unter den Prüfungsnoten auch ein »Mangelhaft«. Ein »Mangelhaft«, das alles hätte kosten können, wurde jetzt von einem »Sehr gut« eingerahmt.

Es war vom Prüfungsgremium mehrfach nachgerechnet worden, ob das wirklich wahr sein könnte. »Sehr gut« und »Mangelhaft« in einem. Ich liebe dieses »Mangelhaft«, es macht mich heute fast etwas stolz. Wir sind Freunde geworden. Dieses »Mangelhaft«

ist kein Makel, sondern eben auch ein Teil des ganzen Lernerfolgs. Alles oder nichts. Als ob das »Sehr gut« das »Mangelhaft« umarmen würde. Sehr – Mangelhaft – Gut.

Hallo. Sprachwunder. Hallo. *L'chaim.*

***

Vor Bonn hieß es allerdings erstmal »Hallo« Brasilien.

Zwischen Honduras und Brasilien lagen zwei Jahre des Suchens. Ich reiste noch einige Male nach Portugal und Spanien. Nebenher jobbte ich im Schokoladenmuseum und als Stadtmuseums- und Brauhausführerin. Jobs, in denen ich das Reden vor Leuten lernte.

Wo war mein Platz? Was will ich machen? Meine Freundinnen wechselten schon wieder ihre Studienfächer. Ich hatte nicht mal mit einer Berufsausbildung begonnen. Würde es am Ende doch die Fleischtheke werden, wie meine Mutter immer prophezeit hatte? Meine Eltern wollten nach wie vor, dass ich erst mal eine solide Ausbildung mache.

Eine Ausbildung zur Veranstaltungskauffrau war das Einzige, was ich mir halbwegs vorstellen konnte. Eventmanagement. Sicherlich hatte ich keine genauen Vorstellungen von dem Beruf. Ein Besuch beim Arbeitsamt war wenig hilfreich. »Der Pool ist klein und mit dem Zeugnis können Sie das vergessen«, war das wenig ermutigende Urteil.

Dennoch beschloss ich, meine Bewerbungsunterlagen persönlich in die Agenturen zu bringen, und so schaffte ich es bei einer renommierten Eventagentur immerhin in die allerletzte Runde. Den begehrten Ausbildungsplatz bekam schließlich doch eine andere. Am Ende stand ich also ein Jahr nach dem Abitur ohne alles da.

Um die Zeit zur nächsten Bewerbungsphase zu überbrücken, besuchte ich die Höhere Handelsschule für Abiturienten. Rechnungswesen und Betriebswirtschaft standen auf dem Stundenplan. Ich war unglücklich. Nichts hasste ich so leidenschaftlich wie Rechnungswesen. T-Kontenblätter waren wie eine innere Gefängniszelle aus Papier. Soll und Haben. Das Problem war nicht, dass ich es nicht verstand. Ich wollte das schlicht und ergreifend nicht lernen. Alles in mir sträubte sich dagegen.

Ich bekam chronische Kopfschmerzen, konnte aber keinen Zusammenhang herstellen. Nach einigen Wochen ging ich zu einem Hausarzt, bei dem ich noch nie war. Ich schilderte ihm zwar die Symptome, aber sagte nichts zu meinen äußeren Lebensumständen.

»Frau Ungewitter, machen Sie etwas, was Sie nicht wollen?«, fragte er mich schließlich ernst.

»Ja, ich hasse, was ich gerade tue!«, schoss es aus mir heraus.

So konkret hatte ich es bis dahin weder vor mir selbst noch vor anderen artikuliert.

»Gehen Sie an die Uni. Probieren Sie sich aus. Studieren Sie ein paar Semester. Etwas, das Ihnen gefällt«, riet er mir und schaute mich aufmunternd durch seine Brille an.

Der Alptraum meiner Eltern saß mit Doktortitel und weißem Kittel vor mir. Es war eine Ermutigung. Aber nicht zuletzt hatte ich von meiner Mutter gelernt, Dinge durchzuhalten. Es zumindest zu Ende zu bringen. Das galt auch für die Höhere Handelsschule. Dachte ich zumindest.

In den zwei Jahren nach meinem Abitur begann ich, im Jugendtreff meiner Gemeinde in Köln Mülheim mitzuarbeiten. Der Treff war kein super heiliger Teenkreis, in dem fromme Lieder gesungen wurden. Es war eher ein Angebot für die Jugendlichen aus der Nachbarschaft. Tischkicker im Keller. Quatschen. Pizza backen. Leben teilen.

Die Jugendreferentin Dana steckte ihr ganzes Herzblut in die Arbeit mit den Kindern und Jugendlichen. Neben Sozialpädagogik hatte Dana an einer privaten Bibelschule nahe Bonn Theologie studiert. Wir verbrachten eine Menge Zeit miteinander. Irgendwann saß ich auf der Treppe im Hof der knallorange gestrichenen Kirchengemeinde direkt am Rhein. Wir warteten auf die ersten Teenager. Während ich dort in der Sonne saß, dachte ich das erste Mal darüber nach, dass ich diese Arbeit ziemlich cool fand: mit den unterschiedlichsten Menschen das Leben zu teilen. Die Zeit dafür kreativ gestalten zu können. Gemeinsam über den Sinn des Lebens nachzudenken und gleichzeitig einfach nur da sein zu können. Eine Arbeit, die ich absolut sinnvoll fand. Es war ein erstes Aufkeimen einer Idee. Ein erster zarter Hauch. Dana war zwar keine Pastorin, sondern Gemeindepädagogin – und einen pädagogischen Beruf konnte ich mir nicht für mich selbst vorstellen. Aber Dana lebte in ihrer Arbeit absolut glaubwürdig die Botschaft von Glaube, Liebe und Hoffnung beim Kickern, Musik hören und Pizza essen mit den Jugendlichen aus der Nachbarschaft. Sie verband Pragmatismus mit Theologie. Das reizte mich.

Den Entschluss, Theologie zu studieren, fasste ich auf einem Konzert. Dana und ich arbeiteten mittlerweile schon knapp zwei Jahre zusammen.

Wir gingen zusammen auf ein Konzert. Glashaus. Herzschmerz und Sehnsucht nach Gott kombiniert mit Soul und Popmusik. Wir standen im Bühnenraum. Es wurde langsam voller. Wir standen in der Menge der Konzertbesucher und unterhielten uns. Die Beleuchtung war bereits gedämmt.

Die Stimmung war eher andächtig als ausgelassen. Auf der Bühne liefen letzte technische Vorbereitungen. Wir unterhielten uns über die Jugendarbeit. Aber auch über meine Unzufriedenheit in der Höheren Handelsschule. Immer noch fehlte mir das 100-Prozent-Gefühl für eine Ausbildung und ein konkreter Plan für mein Leben. Im Hintergrund lief bereits Musik vom Band. Auf einmal hörte ich mich selbst sagen: »Ich könnte doch auch Theologie studieren?!«

»Ja, mach das doch!« Danas Antwort kam im vollen Ton der Überzeugung.

Ich höre noch heute ihre Stimme im Ohr. Ein Moment so elementar wie unspektakulär. So intensiv wie simpel. So göttlich wie weltlich. In der Sekunde war es klar: Es gab kein Zurück mehr.

Als ich nachts nach Hause kam, schliefen meine Eltern schon. Ich öffnete die Schlafzimmertür:

»Mama, Papa, ich studiere Theologie!« Das war keine Frage. Es war bereits eine Tatsache.

Meine Mutter stand dennoch auf. »Was machst du?«

»Ich werde Theologie studieren.«

»Wir reden morgen.« Das war aber kein Vertrösten. Kein »Das werden wir sehen«.

Nicht zuletzt habe ich meine Willensstärke höchstpersönlich von ihr.

Später erzählte sie mir, dass mein damals noch agnostischer Papa im Halbschlaf murmelte: »Endlich hat sie es begriffen.«

Die Tage drauf führte ich noch viele Gespräche. Mein Vater wies mich darauf hin, dass ich vermutlich nicht reich damit werden würde. Meine Oma fand, ich solle jetzt lieber heiraten und Kinder kriegen. Meine Freunde, die mich gut kannten, waren begeistert. Flüchtigere Bekannte waren verwirrt. Meine Mutter gab ihren Segen dazu. Allerdings waren mir all diese Meinungen im besten Sinne vollkommen egal. Nicht, dass mir die Meinung meiner Mitmenschen nicht grundsätzlich wichtig wäre. Aber das war jetzt *mein* Weg. Mein Weg mit Gott. Gottes Weg mit mir.

Mein Weg führte mich erst mal an das Seminar, an dem auch Dana studiert hatte. Es gibt viele Möglichkeiten, Theologie zu studieren. Ich kannte mich überhaupt nicht aus, was die Vielfalt der Ausbildungsstätten anbelangte. Welche Prägungen und theologischen Strömungen eine tragende Rolle spielten. Am Ende landete ich in dem holzvertäfelten Raum der Uni Bonn.

Doch zunächst fuhr ich erst mal mit meinem Opel Corsa kurzerhand in Danas altes Seminar und stellte mich vor. Ein sehr freundlicher Dozent erklärte mir, dass ich gerade den Semesterbeginn verpasst hätte. Also hieß es wieder warten. Meine Euphorie bekam kurz einen Dämpfer.

Doch er hatte einen spannenden Alternativvorschlag: »Du könntest für eine unserer Gemeinden sechs Monate in Brasilien arbeiten.«

Vier Wochen später saß ich im Flieger. Mein Start in die Theologie gefiel mir.

Zuvor verabschiedete ich mich von meiner Klasse. Und verließ an einem schnee-verregneten Januartag das Alfred-Müller-Armack-Berufskolleg in Köln Zollstock. Nächster Halt Brasilien. Traumhaft.

Diesmal reiste ich mit leichtem Gepäck und ohne Rollkoffer. Mein Reisebegleiter war jetzt ein olivgrün-schwarzer Trekkingrucksack mit roten Nähten.

Vor der Abfahrt kam es fast zum Streit mit meinem Papa. »Wo bist du und warum hast du noch nicht gepackt?«

Noch wohnte ich bei meinen Eltern. Ein Jahr später würde ich um diese Zeit in Bonn studieren und über meiner Lieblingsbar in Köln wohnen. Scheinbar war mein Papa etwas ungehalten. Ich verstand die Aufregung nicht. Ich hatte fürs Packen doch zwei Stunden Zeit eingeplant. Die Beantragung meines internationalen Führerscheins in letzter Minute beim Bürgeramt in Köln Nippes hatte länger gedauert als gedacht. Trotz eines gewissen Unverständnisses für meine Vorbereitung waren jetzt auch meine Eltern etwas gelassener geworden. Der Abschied fiel nicht leicht. Aber leichter.

Anders als bei meiner Reise nach Honduras kann ich mich nicht an Details der Anreise oder besonders starke Gefühle erinnern. Es ist erstaunlich, dass ich noch genau weiß, wie der Cappuccino mit Zimt in Honduras geschmeckt hat. Oder wie einsam die Nacht in Miami war. Vom Beginn meines sechsmonatigen Aufenthaltes in Brasilien fehlt mir jedoch fast jede Erinnerung.

An was ich mich aber erinnere, ist der erste Blick aus dem Flugzeugfenster kurz bevor das Flugzeug brasilianischen Boden berührte: Neben der immer näher kommenden Landebahn und viel Grün drumherum bestand die komplette Autoflotte des Flughafens in Curitiba aus alten cremefarbenen VW-Bussen. Vornehmlich T2's. Ich lächele noch heute beim Gedanken an den Anblick.

Zwei Jahre später würde ich selber mit einem dieser Kultautos, Baujahr 1974, und einem Bekannten sechs Wochen durch Europa touren. Aber das ahnte ich da noch nicht. Genauso wenig ahnte ich, dass mich die Bullis und das damit verbundene Lebensgefühl nie wieder loslassen würden.

Was ich beim Aufsetzen auf die Landebahn auch noch nicht wusste, war, dass das Autofahren ein Großteil meines Aufgabenbereiches abdecken würde.

Mein Aufenthalt in Brasilen begann mit einer Autofahrt im dunkelroten Passat. Auf brasilianisch-portugiesisch *Parati,* ausgesprochen »Paratschi«. Vielleicht das erste Wort, welches ich in der neuen Sprache lernte.

Die Millionenstadt Curitiba liegt im Süden Brasiliens und ist bekannt für ihr europäisches Flair. Weniger europäisch anmutend war mein Ziel. Die Favela, also der sehr arme Teil der kleinen Stadt Imbituva. Himmelsrichtung: Osten. Distanz: 200 km. Fahrtdauer: drei Stunden. Eine Stadt mit knapp 30.000 Einwohnern.

Auf den ersten Blick ist Imbituva ein idyllisches Städtchen. Eine mit nostalgischen Laternen gesäumte Hauptstraße. Bunte Häuserfassaden. Supermärkte. Eine Apotheke. Ein hervorragend sortierter Schreibwarenladen. Mehrere Kirchen und eine große Eisdiele. Dieser wohlsituierte Ortskern liegt auf einer Anhöhe.

Die Landschaft drumherum wirkte gar nicht so exotistisch, wie man bei dem Gedanken an Brasilien vermuten könnte. Die hügelige Landschaft ist geprägt von Nadel- und Laubbäumen. Dazwischen gerodete kahle Flächen, die auf den ersten Blick wie Felder wirken. Aber keine sind. In Imbituva steht eine große Holzfabrik. Der intensive harzige Geruch der Fabrik legt sich je nach Windrichtung vor allem über die Senke, in der sich ein Großteil der Favela erstreckt. Ohne die ärmlichen, wenn auch bunten Häuser der Favela hätte es durchaus ein Blick ins Bergische Land bei Köln sein können. Nur mit einer größeren Weite. Landschaften, die einen weiten Blick erlauben, werden nie aufhören, mich zu faszinieren.

Vom oberen Teil der Stadt bahnte sich eine einfache Straße bis mitten durch die Favela. Vorbei an der Holzfabrik. Vorbei an Wäscheleinen mit frisch gewaschener Wäsche. Viele gelbe Trikots und Shirts mit brasilianischer Flagge. Ob reich oder arm. Die Menschen waren stolz auf ihr Land.

Die Straße führte vorbei an Schönheitssalons mit ihren handgemalten Preisschildern. Streunende Hunde schauten gelegentlich recht unbeeindruckt auf. Nicht nur die Nachbarschaft wechselte. Auch die Beschaffenheit der Straße änderte sich. Die glatte Asphaltstraße wurde zu einer Buckelpiste mit Schlaglöchern jeglicher Größenordnung und verwandelte sich schließlich in eine staubige Schotterpiste, die bis vor die Kindertagesstätte, die *Creche*, führte.

Die *Creche,* mein Arbeitsplatz für sechs Monate, wirkte zwischen den einfachen Hütten riesig und strahlte Sicherheit und Schutz aus. Die Mauern waren bunt bemalt. Ein freundlicher Kaktus mit Sombrero lachte alle Besucher an. Daneben grüßte in verblassender Farbe ein Walfisch mit seiner Fontäne. Hinter der Mauer lag ein riesiger Platz aus Lehmboden, vermischt mit einer Art wüstenrotem Staub. Ein Fußballplatz mit Toren ohne Netzte.

Die jungen Fußballspielerinnen und Fußballspieler spielten mit umso mehr Pathos. Fußball war hier nicht nur ein Sport. Fußball war Hoffnung.

Neben dem linienlosen Feld lag ein kleiner Spielplatz. Extra eingezäunt. Auf der Rückseite des Hauses zog sich ein schmaler Streifen gut gepflegten Rasens an der Hauswand entlang. Auf der Vorderseite erstreckte sich ein Streifen verwilderter Garten.

Die Arbeit in der Kindertagesstätte in Brasilien unterschied sich vollkommen von der Arbeit auf der *Caribbean Mercy* in Honduras. Die Arbeit in Honduras war vor allem vom intentionalen Teamgeist geprägt gewesen, Kontakt zur einheimischen Bevölkerung hatte ich kaum. In Brasilien herrschte Vollkontakt. Nicht zuletzt dank der Kinder. Es war kaum möglich, einen Raum zu betreten, ohne mindestens zwei Kinder auf dem Arm und eins ums Bein geschlungen zu haben. So bedingungslos angenommen zu werden, tat gut. Ein Kernteam der Mitarbeiterinnen und Mitarbeiter der Organisation lebte dauerhaft vor Ort. Sie teilten sowohl Privat- als auch Berufsleben mit den Menschen der Nachbarschaft. Zudem wurde der holzvertäfelte Speisesaal am Sonntag zum Gottesdienstraum umgebaut. Essen und Gottesdienst – immer eine gute Kombination.

Bis auf Emma, der Leiterin der Kindertagesstätte, waren alle Erzieherinnen Brasilianerinnen aus der direkten Nachbarschaft und lebten mit ihren Familien in der Favela. Die Kinder hatten alle den selben Titel für uns: »Tias«. Tanten. Neben Emma lebte auch noch ihre Schwester Martha mit ihrem Mann Emil und ihren vier Kindern hier. Martha und Emil Dünn kümmerten sich um alle organisatorischen und bürokratischen Angelegenheiten. Zudem war Emil Pastor der Gemeinde. Die Familie kam aus Deutschland. Neben dem Kernteam lebten mal mehr, mal weniger viele freiwillige

Helferinnen und Helfer im Haus. Im wahrsten Sinne des Wortes wirkte dieser Ort *in* und *aus* der Mitte heraus in die Favela hinein.

Jeder Tag startete mit einer gemeinsamen Dienstbesprechung, Kaffee und Gebet.

Recht pragmatisch wurden alle Dinge, für die gemeinsam gebetet werden sollte, in einer Art Vokabelheft notiert und entsprechend abgehakt. Erst waren die Dankgebete dran, dann die Bittgebete. Was sich irgendwie skurril anhört, hatte aber einen positiven Effekt: Durch das »Protokollieren« wurde uns regelmäßig vor Augen geführt, welche Probleme und Sorgen schon wieder Schnee bzw. roter Staub von gestern waren. Es machte dankbar. Damit meine ich viel mehr als eine Dankbarkeit aus förmlicher Höflichkeit. Ich meine ein aufrichtiges, bewusstes Gefühl der Dankbarkeit dafür, dass wir versorgt waren. Ich glaube nicht, dass man Dankbarkeit erzwingen kann. Und nichts geht über ein spontanes, tief empfundenes Gefühl der Dankbarkeit. Aber man kann üben, sich Dinge bewusster zu machen.

Die bedingungslose Annahme und Zuneigung der zuckersüßen Kinder tat zwar gut. Sie hatte aber auch einen haarsträubenden Nachteil. Läuse. So lernte ich zuallererst das effektive Läusekämmen. Ich war allerdings die erste Freiwillige, die ohne es zu wissen schon Läuse vom Babysitten der Nachbarskinder aus Köln mitgebracht hatte. Meine Chefin Emma war sehr erheitert: »Mira, du bist erst seit drei Tagen hier, so schnell können sich Läuse nicht so massiv verbreiten.«

Noch heute sehe ich vor mir, wie die winzigen Mistviecher im Waschbecken landen. So lernte ich den Unterschied zwischen einem Läuse- und einem noch feineren Nissenkamm. Dass meine Haare wirklich lang waren, machte die Prozedur nicht leichter. Nach mehreren Läusephasen versuchte ich es mit obskuren Tabletten. Zwei in 24 Stunden. Das Ergebnis: Keine Läuse. Dafür Pickel.

Auch die Temperaturschwankungen waren hier viel größer als im tropischen Honduras. Morgens war es manchmal empfindlich kalt. Fleecepulli statt Badeanzug. Dazu dicke Socken kombiniert mit *Chinelos*, also mit Flipflops. Sie waren das brasilianische Nationalschuhwerk.

Lernen musste ich aber, dass *Chinelos* hier in Imbituva in einem Gottesdienst eher unangebracht waren. Meine Überzeugung war bis dahin eher die gewesen, dass sich schick zu machen für die Kirche etwas aus Zeiten meiner Oma sei. Hier lernte ich, dass die Menschen so ihre Wertschätzung für die Besonderheit des Sonntags und auch für sich selbst zum Ausdruck brachten. Sich schick machen. Besondere Schuhe tragen.

Morgens beim Spielen mit den Kindern hinterm Haus waren *Chinelos* mit Socken zwar auch nicht schick, aber vollkommen o.k. Dabei schützen die Socken nicht nur vor der Kälte, sondern auch vor den fiesen Sandflöhen, quasi den Cousins der Läuse: die *Pugas*. Sie bissen sich mit Vorliebe in der dünnen Haut rund um die Fußzehen fest. Damit nicht genug. Sie deponierten dort auch ihre Eier und schufen somit ihre eigene Sandfloh-Kindertagesstätte in unseren Füßen. Nicht gefährlich. Aber maximal eklig.

Von dem Entschluss »Ich studiere Theologie« zu »Ich schneide mir Flöhe aus dem Fuß« in sechs Wochen. Wohin mich mein Entschluss führen würde, hätte ich damals nie gedacht.

In dem sechsmonatigen Zeitraum war ich eine der wenigen Freiwilligen, die richtig gerne Auto fuhr und einen internationalen Führerschein dabeihatte.

Ich war froh, nicht den ganzen Tag im Kindergarten arbeiten zu müssen. Ich liebte die Kinder zwar. Nach drei Stunden am Stück war ich allerdings auch froh, andere Aufgaben zu haben. Ich sage das nicht in Abwertung, sondern in Aufwertung dieser Arbeit. Die Arbeit mit Kindern ist wunderschön. Aber auch anstrengend und nervenaufreibend. Vom Lärmpegel mal ganz abgesehen. Ich habe tiefen Respekt vor allen Menschen, die das gut können und gerne machen. Nicht zuletzt ist mein Papa heute selbst Erzieher.

Gerade im christlich-sozialen Berufsfeld wird von Frauen mehr oder weniger unausgesprochen erwartet, dass man ein »Herz für Kinder« hat. Habe ich. Aber gerne mit etwas Distanz und zeitlicher Begrenzung. Oder zumindest nicht so viele Kinder auf einmal.

Nach ein paar Tagen kristallisierte sich so mein primäres Aufgabenfeld heraus: Einkaufen und Orgakram. Die Kinder kamen am Tag in zwei Schichten in die *Creche*. Das hieß insgesamt: 150 Menschen. Drei Mahlzeiten am Tag. Low Budget.

Ich übernahm alle Fahrten zu diversen Supermärkten, immer auf der Jagd nach Sonderangeboten. Ich beschaffte Material aus Baumärkten. Sammelte diverse Spenden ein, von 100 kg Äpfeln bis 300 Litern gefrorener Milch in kleinen Plastiktüten. Besorgte Bastelmaterial aus dem hübschen Laden in der Oberstadt. Gelegentlich verbrachte ich stundenlang damit und gönnte mir auf der Fahrt ein Eis oder ein *Pastel:* unterschiedlich gefüllte und frittierte Teigtaschen. Nach dem Motto: »Fett und Salz. Gott erhalt's.«

Anfangs konnte ich mich nur mit Händen und Füßen verständigen. Oder mit vorgeschriebenen Zetteln, die mir Andrea, die schüchterne Köchin mit den stahlblauen Augen, mitgab. Also machte ich mich daran, Portugiesisch zu lernen. Das erste Mal, dass ich eine Sprache erlernte und nicht erbüffelte. Morgens lernte ich zwei Stunden autodidaktisch Portugiesisch. Im Laufe des Tages konnte ich die neuen Vokabeln dann direkt anwenden. Zum ersten Mal war ich beim Vokabellernen richtig motiviert und konnte mich über kleinere und größere Erfolge freuen. Langsam, aber sicher bekam das Urteil »kann keine Sprachen« über meinem Leben Risse. Diese Erfahrung machte mir Mut für das bevorstehende Theologiestudium.

Auch wenn ich den Großteil meiner Portugiesischvokabeln wieder verlernt habe, gibt es immer noch Begriffe, die mir in Erinnerung geblieben sind. Und der Klang dieser Sprache begeistert mich bis heute. Ein Wort ist mir besonderen im Gedächtnis geblieben: *Saudade*. Ein Wort, das es nur im Portugiesischem gibt. Irgendwo zwischen Heimweh und Fernweh. Zwischen Melancholie und Glückseligkeit. Ein Wort wie »bittersüß«.

Nach ein paar Wochen bewältigte ich einen soliden Smalltalk und kam gut mit den Leuten ins Gespräch. Anders als in Honduras brauchten wir auch keine ID-Kärtchen. Die Leute wussten, dass die »Deutschen« in der *Creche* arbeiteten. So ging ich auch hier recht unbesorgt joggen. Ohne jemals auf eine Schlange zu stoßen. Ich bin allerdings nicht sicher, wie gefährlich die Dämpfe der Holzfabrik waren.

Ich verbrachte sowohl zu Fuß als auch mit dem *Parati* eine Menge Zeit und viele Kilometer auf den Straßen der Umgebung.

Eine Fahrt war eine der lehrreichsten in meinem Leben. Es war ein Samstag und ich war an diesem Tag die einzige Freiwillige im Haus. Emma und die Familie Dünn sowie alle anderen Freiwillige waren an diesem Wochenende außer Haus.

Ich sortierte gerade zu den Klängen von Jack Johnson Kinderkleidung in der *Farmacia*. Unsere »Apotheke« lag im ersten Stockwerk und war einer der ordentlichsten und saubersten Räume im Haus. Die Fenster waren meist verschlossen, damit sich der rote Staub hier nicht so schnell verbreiten konnte. Der Raum war vollgestopft mit Regalen voller bunter Kleidungsstücke, sortiert nach Größe und Funktion. Dazu einige Regale mit diversen Medikamenten. An der Seite eine Liege.

Plötzlich ertönte ein lauter Knall. Ich eilte nach draußen und sah Roberto, den jungen angehenden Pastor, der seit kurzem mit seiner Frau bei uns wohnte und ein Praktikum absolvierte. Er beschäftigte sich mit den Jugendlichen, spielte Fußball und gab Nachhilfe. An diesem Samstag wollte Roberto das Gestrüpp im verwilderten Teil des Gartens beseitigen. Dabei half ihm Rubinho, einer der Jungs aus der Favela. Er war vielleicht siebzehn oder achtzehn Jahre alt. Ein etwas schlaksiger Teenager mit wilden Locken und großen Augen. Jetzt stand in seine Augen der Schreck. Der Schock und der Schmerz.

Roberto und Rubinho hatten Pflanzen mit giftigen Blüten verbrennen wollen. Zu diesem Zweck hatten sie einen Benzinkanister benutzt. Irgendetwas war dabei gewaltig schiefgelaufen. So hatte es eine kleinere Explosion gegeben.

Roberto streckte mir seine Handflächen entgegen. Sie waren komplett offen und verbrannt. Wie viele aus dem Süden Brasiliens sprach Roberto sehr gut Deutsch.

Er blieb erstaunlich ruhig und fand als Erster die Sprache wieder: »Mira, wir müssen sofort ins Krankenhaus fahren.«

Kurz dachte ich an die Geschichte, wie eine der »Tias« von ihrem Mann auf dem Rücksitz eines Fahrrads zur Entbindung gefahren worden war. Ich brauchte einige Sekunden und sah vor allem Rubinho an. Seine krausen längeren, lockigen Haare waren verkohlt. Sein Gesicht war mit einer schwarzen Rußschicht überzogen. Beide standen offensichtlich unter Schock. Paralysiert.

Wir stiegen in den *Parati* und fuhren los. Vorbei am Holzwerk. Intuitiv fuhr ich eher behutsam. Gewöhnlich fuhr ich gerne schneller, als ich sollte. Aber jetzt durfte nichts Weiteres passieren. Die großen Schlaglöcher kannte ich mittlerweile ganz gut. Ich kann mich auch nur bruchstückhaft daran erinnern. Aber ich weiß, die Fahrt war furchtbar. Was ich nicht vergessen habe, war der Geruch. Der Geruch von verbrannter Haut und verbrannten Haaren. In meinem Inneren eine Mischung aus Autopilot, Mitgefühl und Ekel.

Nach knapp fünfzehn Minuten erreichten wir das Krankenhaus in der Oberstadt. Ich erinnere mich heute nicht daran, gebetet zu haben. Was nicht heißen muss, dass ich es nicht tat.

Roberto und Rubinho kamen sofort dran. Ich wartete im ge-
kachelten Warteraum. Roberto konnte bleiben. Ich hatte nicht das
Gefühl, dass seine Verletzungen schlimmer waren als die von Rubinho. Ich hatte eher die Vermutung, dass einem angehenden Pastor wie Roberto lieber geholfen wurde als einem schmutzigen Jungen, der offensichtlich aus der Favela stammte. Beschwören konnte
ich es nicht. Es machte mich dennoch wütend. Aber es ließ sich
auch nicht beweisen.

Rubinho und ich fuhren ohne Roberto zurück. Die lange
Straße runter in die Favela. Wieder lag der Geruch von verbrann-
ten Haaren im Auto. In der Kindertagesstätte angekommen, hatte
Rubinhos Gesicht eine Metamorphose durchlaufen: Sein ganzes
Gesicht war nicht mehr nur rußschwarz, sondern nun auch über-
zogen von dicken gelblichen Blasen.

Ich musste irgendwie die Fassung bewahren. Bloß nicht zeigen, wie unangenehm mir sein Anblick war. Mir war klar, dass
etwas unternommen werden musste. Zurück zum Krankenhaus?
Das war wohl wenig aussichtsreich.

Mein Smalltalk-Portugiesisch war zwar besser geworden, aber
mein Wortschatz reichte nicht aus, um was Beruhigendes oder
Kluges zu Rubinho sagen. Es war vielleicht auch besser so. Was
sagt man einem jungen Menschen, der in einer Favela lebt und der
vielleicht für den Rest seines Lebens von Brandnarben im Gesicht
gezeichnet ist? Manchmal muss man Leid schweigend ertragen.

Dann hatte ich einen Einfall: Ich griff zum Festnetztelefon und
rief in unserer Partnertagesstätte in Reboucas an. Ich wusste, dass
dort eine Krankenschwester aus Deutschland arbeitete. Gott sei
Dank erreichte ich Lilli. Ich versuchte ihr so ruhig wie möglich zu
erklären, was passiert war. Die Wut über das Krankenhaus konnte
ich trotzdem nicht verbergen. Sie beschrieb mir detailliert, was ich
tun sollte. Unter ihrer Anleitung suchte ich im Regal der *Farmacia* eine spezielle Lösung und eine Brandsalbe. Ich sollte Rubin-

hos Gesicht erst mit der Lösung säubern und dann mit der Salbe behandeln.

Wir saßen zu zweit auf der Liege. Ich war angespannt. Auf keinen Fall wollte ich etwas falsch machen. Vor allem wollte ich Rubinho nicht noch mehr weh tun. Er sah immer schlimmer aus. Ich ekelte mich vor den Brandwunden und ekelte mich zugleich vor mir selber, weil ich mich dabei ekelte. Inständig hoffte ich, dass Rubinho meinen Ekel nicht bemerkte.

Plötzlich änderte sich meine Haltung. Wir saßen jetzt einander gegenüber. Ich schaute mir sein Gesicht nun von ganz nahem an. So nah, wie es für uns beide erträglich war und wie ich es von einer Ärztin erwarten würde. Ich studierte seine Haut und die Blasen so intensiv wie möglich. So gut es ging, atmete ich durch den Mund. Und versuchte mir jede einzelne Zelle vorzustellen. Nicht mehr das schreckliche Gesamtbild seines entstellten Gesichts zu sehen, sondern es so klein zu denken wie möglich. Es funktionierte.

So behutsam es ging, fing ich an sein Gesicht zu säubern. Danach die Salbe. Was er tapfer ertrug. Er gab kaum einen Laut von sich, obwohl es sehr schmerzhaft sein musste.

Ich bestand darauf, dass er erst mal in dem sauberen Raum liegen blieb, obwohl die Apotheke normalerweise nur für Mitarbeiter zugänglich war. Auf keinen Fall wollte ich, dass er in irgendeinem dreckigen Bett schlafen musste. Dabei wusste ich nicht mal, wo oder wie er genau wohnte. Kurz darauf trudelten die anderen vom Team wieder ein und kümmerten sich weiter um den Patienten.

Natürlich kam auch Rubinhos Verletzung mit in das Gebets-Vokabelheft. Und das Wunder geschah. Nach drei Wochen war alles verheilt. Rubinhos Haut sah wieder vollkommen gesund aus. Ich hatte keine große Hoffnung gehabt, dass er jemals wieder normal aussehen würde. War es die Salbe? War es Gott? War es seine junge Haut? War es die folgende medizinische Behandlung oder war er einfach gar nicht so schwer verletzt, wie ich dachte? Für mich war es ein Wunder. Gott sei Dank.

Dieses Wochenende hatte ich in der Tagesstätte gearbeitet. Meine freien Wochenenden nutzte ich für Kurztrips ins brasilianische Umland.

Am Ende meines Aufenthaltes hängte ich noch vier Wochen Backpacking dran. Curitiba. Rio de Janeiro. Sao Salvador da Bahia. 3000 km hin. 3000 km zurück. 36 Stunden Busfahrt. Wilde Städte und einsame Strände. Neue Freunde und flüchtige Begegnungen. Tanzen im Regen. Mindestens in und an jedem Ort neu verliebt. Alte und neue Musik. Heiße Sonnentage und klare Sternennächte. Bier bei Sonnenunter- und bei Sonnenaufgängen. In der Reihenfolge. Der eigene Glaube im Gespräch mit anderen Überzeugungen. Allein über diese vier Wochen könnte ich ein ganzes Buch schreiben.

Von dem starken Heimweh, der Zerrissenheit in Honduras war nicht mehr viel übrig. Ich war unerschrockener denn je.

In Honduras war mein Glaube für mich eher ein Anker gewesen, etwas, was mich schützte und was ich gleichzeitig versuchte zu beschützen. Eine Sicherheitsleine, mit der ich mich langsam von einer Klippe abseilte. Mal mehr, mal weniger ruckartig. Mein Glaube war zu der Zeit etwas gewesen, was mich herausforderte, meine Komfortzone zu verlassen.

Die Glaubenserfahrungen, die ich jetzt in Brasilien machte, waren dagegen mehr wie eine Mischung aus einem Trampolin und einem Bungee-Seil, mit dem ich kopfüber in Unbekanntes hineinsprang. Das Verlassen der Norm hinein in das Abenteuer war zu meiner Komfortzone geworden.

Es gibt ein Foto aus Brasilien, das dieses Gefühl wie kein anderes Foto ausdrückt. Es entstand mitten auf einer Straße. Hinter mir erstreckt sich eine lange Straße, die erst abfällt und dann wieder auf einen Hügel hinauffährt. In den Häusern spiegelt sich das rote Licht der untergehenden Sonne. Ich reiße die Arme hoch. Begrüßung und Ansage zugleich: »Hallo Welt!«

Hallo Brasilien. Hallo Bonn. – Zwei Lernorte, die gegensätzlicher kaum sein könnten.

Vom Läusekämmen und Brandwundenverarzten zu hebräischen und griechischen Bibeltexten. Brasilien und Bonn sind wie eine Klammer um meine Theologie. Tatkraft kombiniert mit Sprachfähigkeit. Beide Bereiche forderten mich immer wieder neu heraus.

Die Theologie zwang mich, meine gedankliche Komfortzone zu verlassen. Unterschiedliche Wertvorstellungen und Glaubensformen, die intensiv mit der eigenen Biografie verbunden sind, prallen aufeinander. Glaubensmuster werden hinterfragt. Geliebte Positionen werden auf den Prüfstand gestellt. Einiges bleibt. Anderes geht. Dafür eröffnen sich neue Zugänge.

Lernen hieß für mich, neue Wege für den Glauben zu finden. Einen weiten Raum zu öffnen. Die Freiheit zu zweifeln eingeschlossen. Denn durch das Theologiestudium wurden meine Fragen nicht weniger. Im Gegenteil. Es wurden mehr. Aber Fragen waren auf einmal nichts Schlimmes mehr.

Nach und nach entdeckte ich immer neue Zugänge zu den Texten der Bibel. Mein Schlüsselbund, mit dem ich die Texte in der Bibel aufschließen konnte, wurde immer größer. Und ich entdeckte, wie facettenreich die Bibel ist: Es gibt darin Gutes und Schlechtes. Schönes und Hässliches. Gerechtes und Ungerechtes. Sie kennt den Hass und eine Liebe, die alles überwindet. Historisches und eine in Bilder gemalte Wahrheit. Missbrauchte Worte. Ewige Worte. Worte, mit denen ich ringen kann, darf und muss. Und bis heute ist die Bibel für mich beispielsweise auch eine Wort-Schatz-Sammlung von Schriften, die mehrere Weltreligionen verbinden.

Viele Menschen können mit der Bibel nichts anfangen, weil sie glauben, sie müssten alles darin wortwörtlich nehmen. Jesus soll Wasser in Wein verwandelt und auf dem Wasser gelaufen sein? Für sie ist die Bibel ein Märchenbuch. Andere wiederum warnen geradezu davor, alles wortwörtlich zu nehmen, und fordern stattdessen biblische Texte, wie die von den Wundertaten Jesu, historischkritisch zu analysieren.

Beide Lesarten sind aus meiner Sicht für sich allein nur sehr schwer durch zu halten. Daher braucht eine gesamtverantwortliche Auslegung immer eine historische Einordnung.

Wenn ich heute als Pastorin Predigten schreibe, werde ich dabei immer wieder aufs Neue überrascht. Es gibt Texte, die mir tierisch auf die Nerven gehen oder die ich nicht verstehe. Ich nenne sie meine Bauchschmerztexte. Spannenderweise sind es oft genau diese Texte, die mich bei der Vorbereitung besonders faszinieren und tief beeindrucken.

Wenn ich eine Predigt vorbereite, fange ich damit an, die unterschiedlichen Übersetzungen zu vergleichen. Dann sammele ich Hintergrundinformationen zu der jeweiligen Zeit, aus der der Text stammt. Und plötzlich bekommt so ein Bauchschmerztext eine ganz neue Qualität. Es wäre vermessen zu sagen, die Bibel sei nicht ohne Theologiestudium lesbar. Natürlich ist das nicht so. Aber es ist auch respektlos, so zu tun, als hätten die ganz unterschiedlichen altehrwürdigen Schriften keine eigene spannende Geschichte, die es zu entdecken gilt. Eine Geschichte, in der unterschiedliche Übersetzer, Herrscherinnen und Herrscher, jahrtausendealte Kulturen und Bräuche und Riten, die wir heute gar nicht mehr kennen, eine Rolle gespielt haben.

Lebendige Bibel ist und war zu allen Zeiten auch immer diskutierte Bibel. Jesus selber diskutierte immer schon *in, gegen* und *mit* der heiligen Schrift seiner Zeit. Die Bibel ist für mich kein totes, statisches Buch. Die Bibel ist ein lebendiges Buch. Und eine Liebeserklärung an die Dynamik. Ein Buch, das ständig in Bewegung ist. Dabei ging Jesus immer einen Schritt über das Geschriebene hinaus.

Jesus hat im Laufe der Zeit unterschiedliche Titel bekommen. Zu seinen Lebzeiten nannten ihn viele Menschen »Lehrer«, denn Jesus war ein reisender Lehrer, der sich unterwegs aber auch selbst belehren ließ. Übrigens sogar von einer Frau, einer Nicht-Jüdin und »Heidin« wie der Kanaanäerin, die ihn mit seinen eigenen Argumenten schlug. Die sogenannten Evangelien kann man daher auch gut und gerne als Jesu Reisebericht lesen.

Am Ende des Evangeliums, das von einem Mann, den wir Matthäus nennen, aufgeschrieben wurde, stehen die letzten Worte, die Jesus nach seiner Auferweckung sagte, bevor seine Zeit in menschlicher Erscheinung auf der Erde zu Ende war. Den Menschen um ihn herum gab er eine Lehr- und Lernaufgabe mit: »Machet zu Schülerinnen und Schülern alle Welt«. In vielen Bibelübersetzungen steht hier das Wort »Jünger«. Ein Wort, mit dem Menschen unterschiedliche religiöse Vorstellungen verbinden. Ich mag in diesem Zusammenhang die Übersetzung »Schülerin« und »Schüler«. Das ist offener. Schülerin sein heißt ja, eine Lernende zu sein. Es ist kein vergebener Titel für eine Leistung, sondern er beschreibt, dass Glauben ein Lernprozess ist. »Machet zu Mitlernenden« ist eine andere Sicht der Dinge. Eine offene.

In Brasilien und Bonn hatte ich gelernt, was es heißt, mit Freude Schülerin zu sein. Sandflöhe und hebräische Bibeltexte, Schlaglochpisten und lange Leselisten hatten mich herausgefordert und mir eine neue Perspektive auf Gott, die Bibel, den Glauben und die Welt eröffnet. Ich wusste: Ich musste keine fertigen Antworten und Hilfsrezepte parat haben. Ich durfte Lernende sein. Und darf es bis heute.

KAPITEL 5

GEMEINSAM UND FREI

»Ich weiß gar nicht, wann ich dich für
eine bessere Pastorin halte – auf der
Kanzel oder in einem Bulli voll Müll.«

Mein Chef Walter Klimt grinst und lehnt sich aus dem Fenster seines Büros im ersten Stock und zieht an seiner Zigarette. Seine krause Lockenmähne steht in alle Richtungen ab. Walter ist der Urgroßneffe von Gustav Klimt, dem berühmten »goldenen« Maler des »Kusses«. Walter, den Pastor, und Gustav, den Maler, verbindet neben einem Hauch Exzentrik eine innige Liebe zum Wiener Jugendstil.

Auch die bunten Kacheln auf der sandgelben Fassade des vierstöckigen Hauses, in dem ich lebe und arbeite, erinnern an diese Epoche. Der Putz bröckelt und die Fensterrahmen sind verwittert. Die Straße, in der unser Haus liegt, ist auch kein Prachtboulevard, sondern eine schmale, schiefe Straße mit dem passenden Namen »Krummgasse«. Trotzdem oder gerade deswegen ist das »Haus Bethel« für mich das schönste Haus in Wien. Eine Mischung aus Studentenwohnheim, Lebensgemeinschaft, Kirche und Partykeller.

Vor rund achtzehn Jahren entstand in diesem Keller die *projekt:-gemeinde*. Zwölf Menschen trafen sich hier und dachten darüber nach, wie Kirche im 21. Jahrhundert aussehen könnte. Einen perfekten Plan hatten sie nicht. Auch viel Geld brachten sie nicht mit.

Die Idee, die sich im Keller entwickelte, war ein Projekt mit offenem Ausgang. Ein Prozess. Fest stand: Alle zwölf träumten von einer Kirche, die international und offen ist. Eine echte Gemeinschaft, in der jeder Mensch unabhängig von seiner Herkunft, Biografie oder sexuellen Orientierung willkommen ist. Frauen sollten hier genauso selbstverständlich wie Männer Leitungsfunktionen übernehmen. Klingt logisch. Ist aber weder in weiten Teilen der Kirchen noch in der Gesellschaft Realität.

Aus den Kellertreffen ist heute eine große bunte Gemeinde geworden. Die Maxime bis heute: »Hallo! Ihr schönen Menschen.«

Eine Vision in einem Backsteinkeller eines Studentenwohnheims.

Eine kleine Gruppe Frauen und Männer aus unterschiedlichen Nationen und Traditionen. Große Träume. Neue Ideen. Ein offenes Projekt. Der Name ist Programm geblieben: *projekt:gemeinde*.

Seit einigen Monaten bin ich nun offiziell als Pastorin ordiniert, was im Fachjargon so viel wie ernannt heißt, und Teil des Pastoralteams der *projekt:gemeinde* in Wien.

Dass ich überhaupt hier in Wien gelandet bin, verdanke ich Andrea Klimt. Walter und Andrea gehörten zu der kleinen Gruppe, die damals im Keller ihre Ideen von einer neuen Kirche diskutierten. Später gehörten sie als junges Pastorenehepaar zum Gründungsteam der *projekt:gemeinde*. Kennengelernt haben Andrea Klimt und ich uns auf einer Theologenkonferenz in Brandenburg. Andrea hatte einen Vortrag darüber gehalten, wie sich Menschen aus verschiedenen Kulturen Gott vorstellen. Stellen sich Menschen aus Kuba Gott anders vor als Menschen aus Afghanistan oder Österreich? Das fand ich spannend.

Wie immer passierten alle wirklich wichtigen Gespräche nach dem offiziellen Teil. Im Selbstbedienungsbistro des Veranstaltungsortes kaufte ich eine Flasche Grauburgunder. Dazu kurzentschlossen drei Gläser. Andrea saß bereits an einem der Gruppentische. Spontan lud ich Silas, einen jungen Theologiestudierenden, ein, der zufällig neben mir stand: »Wir trinken jetzt Wein.«

Beide steuerten wir auf Andreas Tisch zu. So unterhielten wir uns über Gott, die Theologie und unseren Traum von einer Kirche, in der alle Menschen willkommen sind, und es wurde immer später. Am Ende stellte Andrea fest: »Mira, ich glaube, du solltest ein Praktikum in meiner Kirche machen.«

Damals ahnte ich noch nicht, dass dieser Satz mein ganzes Leben verändern sollte. Große Momente passieren nicht nur im exotischen Honduras oder im wilden Brasilien. Und große Momente sind auch nicht immer sofort offensichtlich. So begann das größte Abenteuer meines bisherigen Lebens bei einem Glas Grauburgunder irgendwo in Brandenburg.

Nach meinem Studium packte ich also die Koffer und flog für ein siebenwöchiges Praktikum nach Wien. Zu meiner Überraschung holte mich neben Andrea auch Silas vom Flughafen ab. Silas war ebenfalls spontan für ein Praktikum nach Wien gekommen.

Wir platzten mitten in die Vorbereitungen eines Festivals mit dem Titel »*Burning Church*«, das von der *projekt:gemeinde* organisiert wurde. Das Festival-Motto: »Dinge, die ich in meiner Kirche nicht sagen darf.« Wir diskutierten viel: Was ist gut an Kirche und gehört neu entflammt? Was ist so schlecht, dass es »verbrannt« werden müsste? Das Festival findet immer noch regelmäßig statt. Es ist ein Raum für Zweifel, Ängste und Glaubenskrisen. Aber auch ein Ort der Freude, der Faszination und des Feierns.

Unsere erste Aufgabe als Praktikanten: 800 Flaschen Bier wegbringen. »Aber behaltet die Kästen, die brauchen wir als Sitzmöglichkeiten«, wurden wir von Valere, dem Hauptinitiator, ermahnt. Für ihn stand schnell fest: »Sieben Wochen Praktikum?! Mira, du bleibst eh länger.«

Valère sollte recht behalten.

40 Grad. Zwei Theologen. 800 Flaschen Bier. Ein weinroter Bulli. VW T4. Vier Stunden im Supermarkt. Ein Pfandautomat. Warme Bierreste liefen mir den Unterarm herunter. Willkommen in Wien. Willkommen in der *projekt:gemeinde*.

Mein Herz schlug höher. Ich wusste: Hier war mein Platz.

Während ich fünf Jahre später diese Zeilen tippe, kann ich kaum glauben, was in der Zeit alles passiert ist. Andrea Klimt wurde ein Jahr nach unserem Grauburgunder-Abend Professorin für Praktische Theologie in Elstal bei Berlin und pendelte seitdem zwischen Berlin und Wien. Im Zuge dessen wurde ihre Stelle als Pastorin in Wien frei. Nach meinem Abschluss an der Uni Bonn und einem einjährigen Zusatzstudium an der Theologischen Hochschule Elstal und einer gewaltigen Krise trat ich ihre Nachfolge als Pastorin an. Wobei Nachfolge das falsche Wort ist. Ihre Fußspuren sind so groß, dass ich sie nicht ausfüllen, sondern nur neue Wege finden kann. Andrea ist heute nicht nur eine Freundin, sondern auch ein Vorbild für mich geworden. Eine Frau, deren Fähigkeit, ständig die Perspektiven zu wechseln, sagenhaft ist.

Gerade zu Beginn meiner Zeit als Pastorin war mir das Müllwegbringen lieber als das Predigen auf der Kanzel. Auch wenn ich natürlich wusste, dass das Predigen ein Hauptteil des Berufs ist, brauchte ich einige Zeit, um mich daran zu gewöhnen. Wobei ich mir nicht vorstellen kann, dass das Predigen jemals zur Gewohnheit wird. Mit der Zeit wurde ich etwas routinierter bzw. ich wollte mich davor nicht mehr einschließen und übergeben. Mittlerweile predige ich gern. Jedes Mal ist es anders.

Zwei Jahre nach meinem Praktikum saß ich jetzt also wieder in dem Gemeinde-Bulli. Nicht mehr als Praktikantin, sondern als Pastorin. Unser kirchlicher Dienstwagen ist ein alter VW T4 und wahrscheinlich der abgerockteste Bulli Wiens. Der Wagen gleicht eher einer rollenden Mülltonne. Einer lieb gewonnenen Mülltonne. Ständig wechselnde Fahrer und Fahrerinnen haben einige Beulen und Kratzer hinterlassen. Ein Auto, prädestiniert dafür, von der Polizei aus dem Verkehr gewunken zu werden: »Befinden sich Drogen in ihrem Besitz?«

Das graue Kunstleder löst sich von den Rückseiten der neun Sitze. Leere Zigarettenschachteln und alte Verpackungen von Schokoriegeln häufen sich auf dem Armaturenbrett. Der Dufterfrischer am Spiegel macht es nicht besser. Im Gegenteil. Kalter Rauch und chemischer Tannennadelgeruch. Träumchen.

Auch heute stand wieder »Orgakram« auf dem Plan. Carina und ich wollten gemeinsam einkaufen gehen und ich wartete im Bulli auf sie. Carina studierte Theologie und arbeitete neben ihrem Studium bei uns im Team mit. Sie war lange Zeit meine Nachbarin und ist eine gute Freundin.

Die Wartezeit zwischen Büro- und Autofenster eignen sich immer gut für ein kurzes Dienstgespräch. Walter erinnerte mich an den bevorstehenden ökumenischen Empfang beim Kardinal. Außerdem brauchten wir Fliesenkleber. Da Carina und ich ohnehin einkaufen fahren wollten, könnten wir auch noch Fliesenkleber vom Baumarkt besorgen. Die Toiletten in unseren neuen Gemeinderäumlichkeiten sollten noch diese Woche gefliest werden.

Die Gemeinde war aus den beiden Räumlichkeiten der Krummgasse und des Studentenwohnheims herausgewachsen. Durch eine glückliche Fügung war es möglich, einen alten heruntergekommenen Ballsaal und die daran angrenzenden Räumlichkeiten zu erwerben. Der »Donauhof« befindet sich im 2. Wiener Bezirk. Das von außen unscheinbare Gebäude war um die Jahrhundertwende ein Hotel. Nach dem Krieg endete das Schmuckstück vorerst als Holzwarenlager. Die Decke des großen Raumes zieht sich wie ein Gewölbe über das hundert Jahre alte dunkle Fischgrätenparkett. Zwei große runde Dachfenster tauchen den Raum tagsüber in ein magisches Licht. Trotz der Renovierungssituation, die mittlerweile drei Jahre andauert, und primär ehrenamtlich geleistet wird, finden hier bereits Gottesdienste statt.

Neben dem Ballsaal entsteht zusätzlich ein Café und ein Co-working Space. Der Donauhof soll ein lebendiger Ort werden – sowohl für die Gemeinde als auch für die Nachbarschaft.

Doch bis alle Räume fertig sind, war noch viel zu tun. Ich schnappte mir das Klemmbrett, das auf dem Beifahrersitz des Gemeinde-Bullis lag und notierte Fliesenkleber auf meiner Liste. Das Klemmbrett war eine meiner ersten Anschaffungen als Pastorin. Meine Einkäufe mit Klemmbrett in der Hand führten schon dazu, dass ich für die Filialleiterin gehalten wurde. Schnell ging ich alle Einkäufe noch einmal durch: »Klopapier. Kaffee. Kekse. Bier. Fliesenkleber.«

Mein Chef fliest höchst persönlich. Es ist für ihn eine Art Ausgleich. Walter ist nicht nur ebenfalls Pastor der *projekt:gemeinde*, sondern auch der Generalsekretär der Baptisten in Österreich.

Mit dem Begriff »Baptisten« können nicht alle Menschen etwas anfangen. Baptisten sind Protestanten. Diese christliche Glaubensrichtung entstand vor rund 400 Jahren in Amsterdam. Die Gründer und Gründerinnen stammten aus England. Die Reformation ging ihnen nicht weit genug. Sie forderten Glaubens- und Gewissensfreiheit für alle Menschen – unabhängig davon, welcher Religion oder ob sie überhaupt einer Religion angehören. Weder ein König noch ein Staat dürften den Menschen vorschreiben, woran sie zu glauben haben. Jeder Mensch sollte seine Entscheidungen frei nach seinem Gewissen treffen. So gibt es zum Beispiel Christen, für die der Militärdienst selbstverständlich ist. Andere wiederum kommen durch das Studium der Bibel zu einer pazifistischen Haltung. Beides muss toleriert werden, forderten die ersten Baptisten.

Mit Verweis auf die Glaubensfreiheit lehnen Baptisten auch die Kindertaufe ab. Jeder Mensch soll sich frei entscheiden dürfen, wann und ob er den christlichen Glauben annehmen möchte. Während in vielen Kirchen dem Täufling die Stirn mit ein paar Tropfen Wasser besprengt wird, taufen Baptisten mit ganzem Körpereinsatz: Nach biblischem Vorbild werden die Erwachsenen komplett untergetaucht. Getauft wird deshalb oft in einem großen Taufbecken, das man für die Badewanne des Pastors halten könnte, oder wie zu Jesu Zeiten in einem See oder Fluss. Ihre Gegner und Verfolger nannten sie daher »Baptisten«, was im altgriechischen »Untertaucher« bzw. »Täufer« bedeutet. Den einstigen Schimpfnamen übernahmen die Baptisten mit der Zeit.

Baptisten setzten sich auch von Beginn an für die Trennung von Staat und Kirche ein. Kirchensteuern sind für sie bis heute ein No-Go. Mittlerweile gibt es überall auf der Welt Baptistengemeinden. Jede Gemeinde ist selbstständig. Das führt zu einer enormen Bandbreite theologischer Ausrichtungen: Von konservativ bis progressiv ist in der weltweiten Baptistengemeinschaft alles anzutreffen. Auch eine einheitliche Berufskleidung für Pastorinnen und Pastoren gibt es nicht. Und so wird in Baptistengemeinden nicht nur in Anzug und Krawatte, sondern auch in Flanellhemd oder Kunstlederjacke gepredigt. Bis auf vereinzelte Ausnahmen sind die meisten Gemeinden trotz ihrer Unterschiedlichkeit in internationalen Dachverbänden organisiert. Durch dieses Modell gibt es keine theologischen Hierarchien, sondern nur gewählte Vertreter und Vertreterinnen in leitender Funktion. Allen gilt die Bibel als Richtschnur. Dennoch gilt eben auch: zwei Baptisten, drei Meinungen. Und somit ist auch der weltweite Baptismus bunt.

Hierzulande ist der Baptismus eher unbekannt, obwohl die Baptisten die größte protestantische Konfessionsfamilie sind und die Liste der weltweit bekannten Promis, die Baptisten sind oder waren, lang ist. Dazu zählt beispielsweise die großartige Musiker Johnny Cash, der nach einer schweren Krise dank seiner Frau June Halt in der Liebe und im Glauben fand.

Auch Hillary Clintons Ehemann Bill gehört einer progressiven Strömung des Baptismus an. Der Bürgerrechtler und Baptisten-Pastor Martin Luther King jr. hat in seiner berühmten Rede »*I have a dream*« seinen baptistischen Predigtstil einfließen lassen. Mahalia Jackson, die bei dieser berühmten Rede hinter ihm stand, war das aber wohl zu langweilig. Die ebenfalls baptistische Gospelsängerin rief ihm während der Rede in Washington unentwegt zu »*Tell him about the Dream, Martin!*« Schließlich ordnete sich der Pastor der weiblichen Stimme im Hintergrund unter, verließ sein Skript und ging endgültig mit dem gemeinsamen Traum von Freiheit in die Geschichte ein. Und auch wenn im Radio die 19-jährige Britney Spears mit »*Oops! ... I did it again*« unweigerlich zum Mitsingen animiert, erinnert mich das daran, dass ihre Gesangskarriere unter anderem im baptistischen Kindergottesdienst begann.

In diesem Sinne fliegen in den Seitenfächern des Gemeinde-Bullis unterschiedlich stark verkratze CDs rum. Die musikalische Fahrtbegleitung ist mein Werk. Kuschelrock, Bravohits, Best of ABBA – Perlen der Musikgeschichte. Glückliche Funde bei unserem Ballsaal-Flohmarkt, einem meiner ersten Projekte in Wien. Der Ballsaal sollte erstmalig für die Nachbarschaft zugänglich gemacht werden. Der Erlös floss in die weitere Renovierung. Da wir keine Kirchensteuern beziehen, wird alles aus freiwilligen Beiträgen und Spenden finanziert. Was nicht immer leicht ist. *Money, money, money.* Musik hilft allerdings immer.

Die zwanzig CDs brachte ich als eine meiner ersten »pastoralen Amtshandlungen« im Bulli unter. Bon Jovi bis Backstreet

Boys. Bonnie Tyler bis eben Britney Spears. Jede Fahrt ist auch ein Konzert. Seitdem gibt es bei allen Mitfahrenden nur zwei Reaktionen. Pure Freude oder blankes Entsetzten. »*Oops! … I did it again.*«

Jetzt ging die Tür auf. Carina kam mit einem breiten Lächeln und den großen blauen IKEA-»Sackerln« aus der großen dunkelgrünen Flügeltür des Haus Bethels heraus. Ich räumte noch schnell ihren Sitz frei. Im Beifahrerfußraum rollte eine leere Flasche Augustiner herum.

Wir haben jeden Sonntag drei Gottesdienste: einen spanischsprachigen Familien-Brunchgottesdienst am Morgen, einen farsisprachigen Gottesdienst mit persischem Mittagessen im Anschluss, sonntagsnachmittags um studierendenfreundliche 17 Uhr den deutschsprachigen Gottesdienst. Danach »Bar« mit *open end.* Augustiner. Zwickel. Makava. Clubmate. Dazu überbackene Toasts oder Suppe mit Fladenbrot. Gemeinsames Essen, Trinken und Feiern sind Säulen unserer Kirche.

Und meines Erachtens gehören sie zu den zentralen Säulen der Christenheit überhaupt. Augustiner ist mehr oder weniger das offizielle Kirchenbier. Und in allen Räumen, die mit der Gemeinde zu tun haben, lassen sich gelegentlich leere Flaschen finden. »Christen können auch mit Alkohol Spaß haben«, wie Walter zu sagen pflegt.

Meine Beifahrerin rollt die leere Flasche mit dem Fuß zur Seite. Von Beginn an haben Carina und ich gerne zusammengearbeitet und sind schnell enge Freundinnen geworden. Auch Carina spielte nach Studienjahren in Australien und Wien mit dem Gedanken, Pastorin zu werden. Nicht nur die Liebe zur Theologie, die Fähigkeit, handfest zu arbeiten, und die Vorliebe für trashige Musik verbinden uns. Auch das »Pastorin-Sein« beziehungsweise »Pastorin-Werden« hat uns zusammengeschweißt.

Pastorin – ich glaube kaum ein anderer Beruf ist mit so vielen unterschiedlichen Erwartungshaltungen verbunden. Wie Pastoren und Pastorinnen zu sein oder auszusehen haben, was wir dürfen oder nicht dürfen – jeder Mensch hat eine Meinung dazu. Auch wenn ich es nach drei Jahren halbwegs geschafft habe, meinen eigenen Weg einzuschlagen, ist es manchmal verdammt schwer! Dabei sind es nicht nur die Fremd-, sondern auch die Eigenansprüche, mit denen ich mich selber unter Druck setzte. Manchmal sind es nur Kleinigkeiten. Aber gefühlt hat alles ein Gewicht.

»Frau Pastorin kommt zu spät« ist eine andere Dimension als »Mira kommt zu spät«.

Das Gute daran: Sie macht uns Pastorinnen (in spe) zu mehr als Freundinnen. Sie macht uns zu Schwestern. Jede Autofahrt mit Carina ist dabei nicht nur ein Konzert. Es ist auch eine Seelen-Hygiene-Station im dreckigsten Auto der Stadt. Wir reden im wahrsten Sinne des Wortes über Gott und die Welt. Zwischen Müllplatz und Metro, Baumarkt und Bier. Beim Kauf von Fliesenkleber und Klopapier drehen sich die Gespräche genauso um Gemeindeangelegenheiten wie um Männer und Beziehungen, Feiern und Ernährung, Low-Carb, ja oder nein?, Hoffnungen und Ängste, Getränkelogistik und Promotionsthemen. Liebe und Gott.

Koordiniert werden sowohl die Gottesdienste als auch alles andere darum herum in der Dienstbesprechung. Ausgangspunkt jeder Woche ist dabei der Dienstag. Montag ist der »heilige« Pastorinnensonntag. Der freie Tag der Woche. Meistens zumindest. Dienstags trifft sich dann das ganze Pastoren-Team in Walters Büro im »Haus Bethel«. Es gibt nicht die *eine* Pastorin oder den *einen* Pastor. Wir sind ein Team. Eine Gemeinschaft, die sich ergänzt und sich den Rücken freihält.

Unser Team besteht aus vier Pastoren: Walter, David, Cesar und mir.

Ich wohne im dritten Stock des Hauses. Da mein Arbeitsweg somit knapp dreißig Sekunden dauert, schlurfe ich meistens als Vorletzte in einer Mischung aus Jogging- und Schlafanzug zum ersten Meeting der Woche. Während ich mir den ersten Kaffee aus dem Vollautomaten der kleinen Küche ziehe, raucht Walter meist am Fenster und hat bereits gefühlt hundert Projekte durchdacht. Ich glaube, sein Kopf steht nie still. Er ist ein multitalentierter Virtuose.

Gegenüber Walters Schreibtisch sitzt meistens der weit gereiste David. Ein Genie. Neben seinem Job als Pastor programmiert er Computerprogramme. David ist Brite. Er und seine tolle Frau Maiiri haben sich wie Kate und William beim Studium an der schottischen Eliteuniversität St. Andrews kennengelernt. Ein Vergleich, der mich sehr beeindruckt und David ziemlich nervt. Zu meinen Schwächen gehört zuweilen eine fragwürdige Begeisterung für europäische Königshäuser. David ist sowohl der klügste als auch bescheidenste Kopf in der Runde. Sein Humor ist so trocken wie Knäckebrot. Seine kleine Tochter, die ich nach der Geburt segnen durfte, ist Besitzerin der süßesten krausen Nase der Welt. Wir verbringen eine Menge Zeit miteinander.

Meist eine Viertelstunde zu spät betritt der vierte hauptamtliche Pastor den Raum. Cesar aus Mexiko. Zwei Meter geballte Großmütigkeit und Emotion. Eine Mischung aus Löwe und Teddybär. In seiner Tasche befindet sich neben einer Power Bank immer eine Flasche scharfer Soße aus seinem Heimatland. Cesar ist vor allem für den farsisprachigen Teil der Gemeinde verantwortlich. Das betrifft rund 200 meist unter widrigen Umständen geflüchtete Menschen aus dem Iran und Afghanistan. In den Gottesdiensten predigt er in einer charismatischen Mischung aus Spanisch, Englisch und Deutsch. Zusammen mit Martin, einem Universitätsprofessor, der ebenfalls zum Gründungsteam gehört, bewältigen die beiden ein unfassbares Pensum an seelsorgerlicher Begleitung sowie Verwaltungs- und Bildungsarbeit. Sie begleiten die Gemeindemitglieder bei Asylverfahren, bei der Wohnungs- und Jobsuche, helfen aber auch bei Traumata und Kulturschocks. Als Team versuchen wir so gut es geht sie zu unterstützen.

Jedes Pastoren-Treffen beginnt mit der Reflexion der letzten Woche und der Frage, wie es jedem Einzelnen geht. Danach wird die bevorstehende Woche geplant. Zumindest soweit sich das Leben planen lässt. Wer predigt wann? Wie? Wo? Zu welchem Thema? Bei literweise Kaffee besprechen wir darüber hinaus den jeweiligen Unterricht, Konferenzen, Special Events, Taufen, Hochzeiten, Kindersegnungen, Seelsorgetermine. Hinzu kommt alles rund um die Baustelle und alle Räumlichkeiten, die Versorgung der Mitarbeiter vor Ort sowie Einkäufe und Putzdienste.

Neben dem Hauptteam gibt es seit der Gründung immer wieder Menschen aus aller Welt, die für unterschiedlich lange Zeit in dieser heiligen Chaostruppe mitarbeiten.

Die »Praktikanten«. So wie ich vor mittlerweile fünf Jahren hier landete, ging es auch unzähligen anderen Leuten, und nicht wenige sind geblieben. Vor zwei Jahren haben wir ein Projekt entwickelt: das *project:vienna*. Das einjährige internationale Programm bietet jungen Leuten die Möglichkeit, ein Gap-Year bei uns zu verbringen. Die ganze Sause ist eine Mischung aus Gemeinschaft, Theologie, Feiern, Reisen und natürlich auch Mitanpacken.

In einer Gemeinschaft, in der so viel in Bewegung ist und die so intensiv das Leben teilt, bleibt auch der Horror einer jeden Wochenendgestaltung nicht aus: Umzüge. Aber bei einem solchen unliebsamen Umzugstag im letzten Jahr überkam mich einer dieser ganz speziellen Augenblicke. Ein göttlicher Moment mitten im Alltag.

Sommer 2018. Es war wieder einmal Umzugstag. Vormittags hatte es geregnet. Jetzt verwandelte die Sonne Wien in eine gut temperierte Saunalandschaft mit hübschen Häusern. Die Wohngemeinschaft von Patrick und Ali, zwei Mitgliedern unserer Gemeinde, zog um. Natürlich kam auch hier wieder unser Gemeinde-Bulli zum Einsatz.

Patrick kommt aus Virginia. Er verbringt insgesamt zwei Jahre bei uns in Wien. Meine Mutter sagt immer: »Es gibt in der Arbeitswelt zwei Sorten von Menschen. Hühner und Fische. Ein Huhn legt ein Ei und gackert den ganzen Tag. Ein Fisch legt Millionen Eier und schwimmt lautlos davon.« Patrick ist ein Fisch. Eine grundsolide Bank. Mit Begeisterung für guten Whiskey. Wandelnde Bescheidenheit im Karohemd. Ein stiller multitalentierter Helfer. Der unter der Woche auf der Baustelle mit anpackt und sonntags im Gottesdienst entweder die Technik übernimmt oder Cello spielt.

Er und Ali hatten sich bereits ein Jahr eine Wohnung geteilt. Aufgrund von Eigenbedarf mussten sie ausziehen. Also wurden wieder die Umzugskartons gepackt, Möbel auseinandergeschraubt, Müll aussortiert.

Ali ist vor dem Krieg in Afghanistan geflüchtet. Die *projekt:gemeinde* hat schon lange vor Herbst 2015 mit einer breit angelegten Integrationsarbeit für Geflüchtete begonnen. Ali ist schnell zu einer tragenden Persönlichkeit in der farsisprachigen Gemeinde geworden. Sein Traum ist es, Regisseur zu werden. Ein Paradiesvogel aus Afghanistan, der immer eine Kamera in der Hand hat.

Den Umzug von Patrick aus den USA und Ali aus Afghanistan organisierte mein mexikanischer Pastorenkollege Cesar. Zur Unterstützung waren knapp zehn Leute aus der Gemeinde vorbeigekommen. Der Helfertrupp war bunt: Zusammen mit Leuten aus dem Iran, aus Afghanistan, Österreich, Deutschland und den USA schleppten wir Kisten, Kleinmöbel, vereinzelte Bretter, eine Waschmaschine und natürlich Müll aus der kleinen Wohnung im 3. Wiener Bezirk. Cesar koordinierte die Helfer und teilte alle in Teams auf. Emmanuel, Chris und ich übernahmen die Fahrt zum Müllplatz mit dem kirchlichen Kuschelrock-Abba-Bulli.

Emmanuel kommt aus dem Iran. Nachdem er Christ geworden ist, hat er sich hochoffiziell umbenennen lassen. Gepiercte Ohren und unzählige Tattoos. Hipster von der Sneakersohle bis zum Vollbart.

Vor Kurzem kam ein neues Tattoo hinzu, welches sich über seine komplette linke Wade erstreckt. Es ist eine Szene aus der Bibel. Jesus, der auf dem Wasser geht und der Petrus dazu anstiftet, es auch zu tun. Eine Geschichte, die nach der dramatischen Fluchterfahrung auf dem Mittelmeer eine ganz neue Bedeutung bekommen kann. Petrus, dem die Nachfolge erst gelingt, droht nun auf Emmanuels Wade einzusinken. Jesus streckt ihm die eine rettende Hand hin, die andere ist zum katholischen Segensgestus erhoben. Mittel und Zeigefinger sind dabei ausgestreckt und der Daumen leicht gekrümmt. Das katholische Zeichen soll auf die Dreifaltigkeit verweisen. Es erinnert aber auch stark an das Peace-Zeichen. Als mir Emmanuel das erste Mal das Tattoo nach dem Gottesdienst zeigte, erklärte er mir: »Das ist Jesus. Er bestellt zwei Bier. Eins für Jesus. Eins für Petrus. Ich liebe Jesus.« Emmanuel lachte und drückte mir mein Nach-der-Predigt-Augustiner in die Hand.

Ohne Augustiner, dafür mit Abba und den Backstreet Boys fuhren wir drei nun gemeinsam in Richtung »Mistplatz«, wie in Wien charmant die städtischen Recyclinghöfe genannt werden.

»Quit Playing Games With My Heart.« Chris sang dazu und er hat eine wahrhaft göttliche Singstimme. Wenn er nicht gerade neben mir im Bus Boygroup-Songs trällert, singt er oft in der Band, die unsere Gottesdienste musikalisch begleitet. Bei uns gibt es keine Liederbücher. Die Liedtexte werden per Beamer an die Wand gestrahlt. Abwechselnde Bands unterstützen den Gesang. Chris und ich haben, zumindest was die Optik angeht, gelegentlich den selben Männergeschmack. Zusammen stehen wir außerdem im Kontakt mit dem ersten LGBTQ-Verein geflüchteter Iraner, die viele Fragen zu Gott und dem christlichen Glauben in Europa haben.

Wir drehten eine Runde im Kreisverkehr. Kurz darauf setzte ich den Blinker. Wir bogen ab und fuhren durch das schmale Tor mit dem Schild »Mistplatz MA48«. Ein Mitarbeiter in neonoranger Latzhose winkte uns an die Seite und fragte, was wir zu entsorgen haben. Nach mehreren Jahren Kirchen-Ballsaal-Baustelle bin ich mittlerweile Profi in Sachen Müllentsorgung. »Holz. Metall. Sperrmüll. Problemstoffe. Restmüll.« – »Restmüll kostet zwei Euro extra.« Der freundliche Herr in Orange wies uns an, wo wir parken können.

In der schwülen Mittagshitze begannen wir den Bus auszuräumen und verteilten die Sachen auf die unterschiedlichen Container. Ich musste aufpassen, dass ich nicht die rutschigen Treppen, die zu den höheren Containern führten, hoch- oder runterfiel. Aus den kaputten Boxen dröhnten immer noch die Backstreet Boys.

Und da war es: Über den »Mistplatz« zog ein göttliches Gutwetterleuchten. Es war für niemanden mit bloßem Auge ersichtlich, aber dennoch spürte ich: Dies war ein heiliger Moment, an dem alles, was uns trennt, verwischte. Ein heiliger Moment zwischen Bauschuttcontainern und Sperrmöbeln. Zwischen gestapelten Kühlschränken und alten Fernsehmonitoren.

Ein geflüchteter Hipster-Iraner. Ein schwuler Amerikaner. Eine weibliche Geistliche. Schmutzig und glücklich. Alle halfen mit bei einem afghanisch-amerikanischen Umzugsunterfangen unter mexikanischer Anleitung. Grenzen wurden ausgegrenzt. Die Besonderheit des Moments traf mich mitten ins Herz. Ein heiliges Müllsortieren. Im Hintergrund schallten aus dem offenen Bulli-Fenster immer noch die Backstreet Boys. Göttliche Schönheit im Dreck. »*I Want It That Way*«.

***

Mein erster Urlaub als Pastorin. Ein Roadtrip nach Frankreich. Diesmal mit zwei Bussen. Statt mit Klemmbrett und Pastorenkollegen bin ich mit meinen alten Kölner Kumpels Jan und Timo unterwegs. Mit Kirche haben beide nicht viel am Hut. Timo ist Mitglied einer Sondereinheit der Polizei. Zwei Busse. Surfbretter. Eine Pastorin. Ein Polizist. Ein Unternehmensberater. Dazu noch diverse Mitfahrer aus Surf-Onlineforen. Motto: Ein Kölner ist lustig. Zwei sind Karneval. Drei sind definitiv anstrengende gut gelaunte Nachbarn auf einem Campingplatz. Blockrocker und Discokugel im Pinienbaum.

Damit es trotz der zwei Autos nicht zum Abbruch unserer stets gepflegten Konversation kam, hatten wir auf der Hinfahrt Walkie-Talkies dabeigehabt. Vierzehn Stunden Roadtrip. Dumme Sprüche klopfen für Fortgeschrittene.

Jan und ich haben uns schon vor seiner Geburt »kennengelernt«. Seine Mutter ist eine gute Freundin meiner Tante. Als meine Tante kurz nach meiner Geburt auf mich aufpasste, hat sie Jans Mutter zum »Babygucken« eingeladen. Wahrscheinlich hat er damals schon durch den Bauch seiner Mutter »Na, Ziege, alles fit?« geraunt, während ich »Läuft hier, Frettchen!« zurückbrabbelte. Seitdem sind wir durch die 34 Jahre hindurch aneinander hängen geblieben.

Ich weiß nicht, was größer ist: Jans Herz oder seine Klappe. Ersteres versucht er gelegentlich zu verstecken. Beim Herz gelingt ihm das manchmal besser als bei der großen Klappe. Sein Hang jedem ungefragt die Welt zu erklären, bezeichne ich liebevoll als »Jansplaining«. Jan ist lustig. Richtig lustig. Meistens. Wenn er Hunger hat, mutiert er nicht zu einer »Diva«, sondern zu Gollum. Ohne den Ring.

Jan ist derjenige, der kommentarlos meinen Umzug nach Wien begleitet hat, um danach das Auto meiner Eltern 1000 km zurückzufahren. Der mich lauthals auslacht, wenn ich mich mit eine Flasche Reissdorf Kölsch in der Hand vor einem Kiosk tierisch aufs Maul lege. Beste Freunde halt.

Insgesamt waren wir zwei Wochen in Frankreich. Zwei Wochen Surfen, Klamauk, Party und Essen. Nun beschloss Jan, noch mal ins Landesinnere zu fahren. Er hatte Liebeskummer und ihm war während des Urlaubs noch mal deutlich geworden, dass er seinen Job nicht mochte. Timo flog von Bordeaux nach Schweden.

Langsam trat ich die Heimreise an. Nach zwei Wochen Spaß und Gemeinschaft sehnte ich mich nach Stille und Alleinsein.

Spontan beschloss ich, einen Abstecher zu machen. Ich verließ die Autobahn und folgte den Schildern mit der Aufschrift »Le Mont-Saint-Michel«. Nach der Abfahrt führt eine schmale Landstraße durch Felder, saftige grüne Wiesen und idyllische Dörfer. Es war das zweite Mal, dass ich diesen Ort besuchte. Ist einem die Strecke unbekannt, kann man sich kaum vorstellen, dass hier noch etwas kommt. Ich fuhr die Landstraße immer weiter, dann erschien er am Horizont: Le Mont-Saint-Michel. Der Berg des heiligen Erzengels Michael. Eine winzige Klosterinsel in der Normandie, die nur 1 km vom Festland entfernt ist. Je nach Gezeiten liegt sie im Meer oder ist vom Watt umgeben.

Als ich ankam, war es schon dunkel und es regnete. Zum Glück öffnete mir ein Mitarbeiter im gelben Regenmantel noch so gerade die Schranke. Ich fuhr auf das vorgelagerte Gelände. In meiner Erinnerung konnte man zwei Jahre zuvor noch direkt vor dem Kloster parken. Aber offenbar hatten Baumaßnahmen stattgefunden und die Straße war nur noch für die öffentlichen Shuttlebusse zugelassen. Upsi.

Ich fuhr zurück, fand den Campingplatz. Zum Glück konnte ich trotz der nächtlichen Uhrzeit noch einchecken. Mit dem öffentlichen Bus fuhr ich zurück zu dem Felsen. Außer mir saßen nur zwei asiatische Touristinnen im Shuttlebus.

Meine Kleidung: Jeansshorts und eine neonpinke Regenjacke. Wobei neon fast eine Untertreibung ist. Ich leuchtete wie ein pinker Textmarker. An den Seiten baumelten gelbe Kaputzenschnüre. An meinen nassen Füßen das Schuhwerk der Freiheit oder auch die Gummistiefel des Sommers: Flipflops.

Die asiatischen Touristinnen begannen eifrig Fotos zu machen. Wir überquerten den großen Platz vor dem eigentlichen Klosterfelsen. Im Inneren zieht sich eine schmale Gasse leicht gekrümmt nach oben. Sie erinnert an die Winkelgasse bei Harry Potter. Aber anstelle von Zauberbedarf werden hier Crêpes und Souvenirs verkauft. Tagsüber tummeln sich hier Massen von Touristen. Jetzt war es still. Niemand war mehr zu sehen. Ich folgte der Treppe bis auf einen Mauervorsprung und schaute Richtung Meer. Der Regen hatte endlich nachgelassen und es tropfte nur noch leicht. Mich überkommt immer ein besonderer Schauer, wenn ich eine leichte Ahnung davon bekomme, Geschichte nicht nur zu betreten, sondern zu spüren. Das Wort »Ehrfurcht« beschreibt dieses Gefühl vielleicht am besten. Das Gefühl, sich selber der Geschichte zu vergegenwärtigen und Teil davon zu sein. So ging es mir auch jetzt.

Licht fiel durch bunte Kirchenfenster auf den Weg. Die große Abteikirche war bereits geschlossen, aber die kleine Pfarrkirche stand noch offen. Das warme Licht zog mich an. In meinen Flipflops, meine Shorts und meiner pinken Jacke betrat ich den Vorraum. Auch wenn meine Haltung zu Kleidung und Kirche eher eine lockere ist, respektiere ich den heiligen Raum und die damit verbundenen Kleidungsvorstellungen anderer Menschen. Meistens zumindest. Zum Umziehen hatte ich diesmal leider keine Gelegenheit gehabt. Außerdem hinterließ ich mit meiner nassen Regenkleidung auch noch eine Tropfspur.

An der Wand hing ein für meinen Geschmack etwas kitschiges Bild von Jesus und Petrus auf dem Wasser. Es zeigte die Szene, die auch Emmanuel auf seine Wade tätowiert hat. Ich folgte dem warmen Licht weiter in den Innenraum. Der Geruch von Weihrauch und Kerzen stieg mir in die Nase. Ich zögerte und schaute mich um.

Als Erstes sah ich einen Typ mit lockerem Shirt. Seine langen Haare waren zu einem Pferdeschwanz zusammengebunden. Sein Gesicht war nach vorne gerichtet, um den Hals trug er ein Schlüsselband, an dem eine Plastikhülle baumelte. Vermutlich war er ein Tourguide. Er blickte Richtung Altarraum und bewegte lautlos die Lippen. Sein Gesicht war ernst. Ich ging langsam hinein und setzte mich auf eine der Holzbänke. Erst jetzt konnte ich den ganzen Raum überblicken. Ich schlich mehr als dass ich ging und hielt mich am Rand. Langsam setzte ich mich und erschreckte mich fast zu Tode als ich hinter mir einen Mönch in heller Kutte sah. Er saß in der Bank und las in einer großen, sichtbar alten Bibel. Daneben kniete eine Nonne, ebenfalls in weißem Gewand und mit weißer Kopfbedeckung.

Niemand schien den anderen zu bemerken. Die Kirchenbesucher schienen keine Notiz voneinander zu nehmen. Nicht aus Ignoranz, eher aufgrund ihrer tiefen Versunkenheit. Die Atmosphäre hatte jetzt etwas Mystisches.

Stehend. Sitzend. Kniend. Betend. Lesend. Meditierend. – Ich kam nicht drum herum, jeden einzelnen Menschen in dem Raum kurz zu beobachten, bevor auch ich mich selber konzentrierte. Betete. Ich saß einfach nur da und hörte auf die Stille. Und auf einmal fühlte ich mich nicht mehr als Fremdkörper, sondern als Teil des Ganzen.

Ein Tourguide. Ein Mönch. Eine Nonne. Eine durchnässte Baptistenpastorin in neonpinker Jacke und mit nackten Beinen. Es war ein wahrhaft spiritueller Moment. Jeder für sich und alle gemeinsam. Verbunden in der Sehnsucht, sich Gott hinzuwenden. Eine stille Gemeinschaft aus Menschen mit unterschiedlichen Konfessionen und mit unterschiedlichen Formen, den Glauben zu leben, miteinander verbunden an einem Ort, an dem Menschen seit über tausend Jahren beten. Ich habe nicht damit gerechnet.

Und obwohl mir sowohl dieser Ort als auch jede der Personen fremd war, spürte ich etwas von der geheimnisvollen weltweiten Gemeinschaft, die uns über alle Konfessionen, Kirchen und Gemeinden hinweg verbindet. Von ihrer 2000 Jahre alten Geschichte. Von dem, was sie im Kern ausmacht. Was sie ausmachen sollte.

Wir redeten kein Wort. Wir sahen uns nicht mal an. Und ich vermute, unsere Leben könnten unterschiedlicher nicht sein. Dennoch lösten sich auch hier in der Stille alle Grenzen betend auf.

In dieser verregneten Nacht schlief ich in meinem Bus sehr gut. Der Regen trommelte auf das Dach. Ich war dankbar. Am Morgen beschloss ich weiterzufahren, ohne noch mal im Hellen die Abtei zu besuchen.

***

Ostermontag 2019. Der Geruch von Frühling und frischem Gras liegt in der Luft. Mein Kölner Kumpel Jan ist ein halbes Jahr nach dem Frankreich-Trip ebenfalls nach Wien gezogen. Das ist nun zwei Jahre her. Mit der Kirche fremdelt Jan hin und wieder immer noch. Carina und Jan sind seit einem Jahr ein Paar und vor Kurzem zusammengezogen. Ihre neue Wohnung ist fünf Minuten von meiner entfernt. Ich habe es irgendwie kommen sehen, dass das mit den beiden klappen könnte. Trotzdem ist es manchmal ungewohnt. Aber auch ziemlich cool.

Es ist ihr Einweihungsbrunch. Die halbe Gemeinde, Kollegen und Freunde verteilen sich auf die traumschöne Altbauwohnung mit Flügeltüren und Parkettboden. Die Klimts haben gerade ihren Hochzeitstag gefeiert. Mein Pastorenkollege David spielt mit seiner kleinen Tochter. Hinter uns liegt ein schöner Ostergottesdienst im Ballsaal. David hat Musik gemacht. Ich habe gepredigt. Patrick aus Virginia veranstaltet ein kleines Whiskey-Tasting. Chris und ich plaudern über die Vor- und Nachteile des Online-Datings. Es gibt Crémant und Frikadellen, Ziegenkäse und Humus, Obstkuchen und Kaffee. Musikalisch untermalt von der Feelgood-Playlist: Es läuft »Respect« von Aretha Franklin, auch eine Baptistin. »*What you want Baby, I got it.*«

Carina ist mittlerweile Doktorandin für Evangelische Theologie an der Uni Wien. Ich bin enorm stolz auf sie. Jan hat einen

Job, den er mag. Meistens zumindest. Er hat zusätzlich den Kühlschrank aus seinem VW Bus geholt. »Ziege, mach die Kühlbox richtig zu!«, schimpft er mit mir. Carina und ich lachen ihn aus. Es ist fast wie im Urlaub.

Während ich auf Carinas Couch sitze, merke ich, wie gern ich in diesem besonderen Umfeld mit diesen besonderen Menschen mein Leben teile. Dabei ist das Leben teilen das, worauf es ankommt.

Kirche ist vielleicht das, was sonntags passiert. Gemeinschaft ist etwas, was sich an keinen Ort und an keine Zeit binden lässt. Das Reich Gottes ist etwas, das alles miteinander verbindet. Unsichtbar. Aber spürbar und unverfügbar. Denn überall dort, wo Glaube, Hoffnung und Liebe zusammenkommen, da passiert das Reich Gottes. Es passiert, wann und wo und wie es will. Und es ist möglich, darauf hinzuwirken und daran mitzuwirken.

Im Ostergottesdienst habe ich über die ersten Christinnen gepredigt: die Frauen am Grab des auferstandenen Jesus. Tapfere Jüngerinnen. Maria von Magdala, meine liebste Heldin der Bibel. Auch vor 2000 Jahren entstanden nach Ostern kleine Gemeinschaften. Sie glaubten daran, dass Jesus von Nazareth den Tod überwunden hat. Sie trafen sich in Privathäusern. Das war an sich nichts Besonderes. Zu der Zeit gibt es unzählige Religionen und Kulte. Aber die kleine Gruppe, die dem Judentum entspringt, war irgendwie anders. Sie stellte alle Gesellschaftsnormen der damaligen Zeit auf den Kopf: In den Wohnzimmern reicher Leute treffen sich einmal in der Woche reiche Kaufleute und Sklaven, Analphabeten und belesene Gelehrte, Männer und Frauen. Die Frauen nahmen sogar zeitweise ihren Kopfschleier ab, den für gewöhnlich alle Frauen der damaligen Zeit trugen. Zudem aßen Juden mit Nicht-Juden zusammen. Damals aufgrund der jüdischen Reinheitsvorschriften ein Unding. Die kleinen Gemeinschaften entstanden überall im damaligen Römischen Reich. Sie standen in Briefkontakt.

In einem dieser Briefe steht: »Es gibt nicht mehr Juden und Griechen, nicht Sklaven und Freie, nicht männlich und weiblich, denn ihr alle seid einer in Christus Jesus.« (Galater 3,28) Boom. Mit einem Satz sind alle Abgrenzungen durch Religion, Stand und Geschlecht aufgehoben. Gottesdienst, das bedeutete auch für die Menschen damals, zusammen zu essen und sich an dieses Osterge-schehen zu erinnern.

Konflikte blieben trotzdem nicht aus. Die Menschen damals mussten genausso üben, miteinander gut umzugehen, wie wir heute auch. Das brauchte eine Menge Mut, Kraft und Vergebung. Die biblischen Texte gehen sehr offen damit um, was dabei alles schieflief.

Natürlich läuft auch in meiner Gemeinde in Wien nicht immer alles gut. Auch bei uns menschelt es. Dinge laufen schief. Es gibt große und kleine Konflikte. Streit. Manchmal nervt man sich auch einfach. Wir sind eine solidarische Schwächen-Gemeinschaft. Wir scheitern auch aneinander und miteinander.

Gottesdienste helfen dabei, sich das immer wieder zu verdeutli-chen, dass auch die Gemeinschaft der ersten Christen nicht per-fekt war. Sie helfen, sich in die 2000 Jahre alte Gemeinschaft mit ihren Sorgen, Nöten, Hoffnungen und ihrer Freude mit reinneh-men zu lassen. Zu lernen, auch Spannungen miteinander aushal-ten zu können.

Unsere aktuelle Predigtreihe lautet *projekt:gemeinde unterwegs*. Ich habe schon vorgeschlagen, ob wir uns nicht dahingehend umbe-nennen lassen wollen. Weil wir alle immer so viel weltweit unterwegs sind, aber auch weil es ein schönes Bild dafür ist, dass wir immer in Bewegung bleiben. Unterwegs sein. Offen sein für das, was kommt.

Es mag paradox klingen, dass Gemeinschaft befreit. Meistens verbindet man Freiheit mit Alleinsein. Aber auch das Alleinsein kann zu einem Gefängnis werden. Gemeinschaft befreit, wenn sie Geborgenheit in der eigenen Schwäche ermöglicht.

An diesem Nachmittag in der neuen Wohnung von Carina und Jan wird oft miteinander angestoßen. Es wird viel gelacht und gegessen. Ich sitze auf der Couch, ich werde die Letzte sein, die heute geht. »Danke«, das kürzeste Gebet der Welt streift meinen Gedanken.

Ich schaue in die Runde und denke: »Hallo! Ihr schönen Menschen.«

VERLETZLICH UND FREI

»Dann kommen die Nächte, wo man das erste Mal zweisam einsam ist und man realisiert, dass es das vielleicht doch nicht war ...«

Sonntagnachmittag. August 2018. Mein drittes Jahr als Pastorin liegt fast hinter mir. Ich predige. Es herrscht Krisenstimmung in der Gemeinde. Aufgrund eines Nutzungsstopps mussten wir zeitweise vom Ballsaal zurück in unsere alten, zu kleinen Räume ziehen. Die Finanzen drücken. Baustellenprobleme und Finanzkrisen prägten meine Arbeitszeit als Pastorin von Beginn an. Ich habe das Motto eingeführt: »Gott ist spätestens pünktlich.« Die Situation ist alles andere als schön, aber eher eine äußere Belastung.

Was mir als Seelsorgerin mehr Sorgen macht, sind die vielen akut gebrochenen Herzen in unserer Gemeinde. Eine Reihe von Trennungen haben sich in den letzten Wochen ereignet. Eine Ehe fand nach 25 Jahren ihr Ende. Lange haben beide dafür gekämpft, doch noch die Kurve zu kriegen. Es hat nicht funktioniert. Beide sind heute im Gottesdienst. Der Umgang in der Gruppe fällt ihnen sichtlich schwer, aber es geht. Dazu drei junge Paare, deren

Beziehung ebenfalls am Ende ist. Nach acht Jahren, nach fünf Jahren, nach zwei Jahren. Große Lieben. Unabhängig von der Dauer ihrer Beziehung hatten alle hohe Erwartungen. Ohnehin ist die Zeit nur ein schwacher Indikator für Schmerz. Hochzeitspläne waren geschmiedet worden, Locations besichtigt, Eheringe gegoogelt.

Jede Trennung ist individuell. Alle sind komplex. Es geht dabei nicht um Fragen von Moral oder Schuld, sondern zuallererst einfach um gebrochene Herzen.

Wenn Kirche mehr als ein Sonntagsgeschehen ist und wenn Kirche ein Raum ist, in dem Menschen Leben teilen, dann ist Kirche auch zwangsläufig ein Raum für Schmerz. So gut es eben geht.

Ich habe meine Predigt erst kurz vor dem Gottesdienst fertiggeschrieben. Das führt automatisch dazu, dass ich gedanklich jetzt besonders intensiv im Text bin.

Der Gottesdienst beginnt. Ein kleiner weißgetünchter Raum. Vor hundert Jahren war dieser Raum ein ehemaliger Stall, der liebevoll renoviert wurde. Der Raum ist überschaubar. Es sind knapp fünfzig Leute da, ein eher kleiner Kreis. Das Predigen ist dadurch intimer. Der letzte Song vor der Predigt wird gespielt. Ich stelle mich hinter den Notenständer, meine Kanzel für heute.

Der Bibeltext, über den ich heute predigen will, ist die Geschichte von der Sturmstillung Jesu: Jesus und seine Jünger sind per Boot unterwegs. Das Unternehmen gerät in eine Schlechtwetterfront. Wind und Wellen sorgen unter den Jüngern für Todesangst, aber Jesus schläft. Der Sohn Gottes macht einen Mittagsschlaf. Die Jünger flippen aus und wecken ihn. Sympathischerweise reagiert Jesus auf das Gewecktwerden eher ungehalten. Darin sind Jesus und ich uns ähnlich. Ich hasse es genauso, geweckt zu werden. Persönlich eher dämmerungsaktiv, empfinde ich das Klingeln meines Handyweckers grundsätzlich als einen Angriff auf mein Wohlbefinden.

Auch Jesus ist genervt. Eine Schlummertaste gibt es nicht. Wütend bedroht er Wind und Wellen. Der Sturm wird still.

Es gibt unterschiedliche Wege, beim Predigen Relevanz für heute aus 2000 Jahre alten biblischen Texten zu ziehen. Dieses Mal entscheide ich mich für einen sehr persönlichen Weg. Ich will von meiner eigenen heftigsten Sturmzeit erzählen, meinem großen Krisenjahr inklusive Trennung nach sieben Jahren Beziehung. Ich will einen Teil von mir preisgeben. In wenigen Sätzen. Es soll kein billiger Trost sein. Auch bilde ich mir nicht ein zu wissen, was die Anderen jetzt nach ihrer Trennung fühlen. Wer weiß das schon? Ich möchte auch nicht von oben herab belehren, sondern nur erzählen. Ich zögere. Persönlich werden, ja, übergriffig auf keinen Fall. Schließlich verlasse ich mich auf mein Gott-Bauch-Gefühl.

Meine große Beziehungs-Havarie und alles darum herum liegen bereits fast vier Jahre zurück. Sie ist also jenseits von akut. Im Gegenteil: Das erste Jahr in Wien war ich so glücklich wie frisch verliebt, ohne in jemanden verliebt zu sein. Das ist das vielleicht zweitbeste Gefühl der Welt. Ich würde auch jetzt für nichts auf der Welt tauschen wollen. Seitdem war kein Tag wie der andere. Ich fühle mich stark und unabhängig.

Ich lese den Bibeltext und arbeite mich in einem eher heiteren Plauderton langsam über einige Stationen an des Pudels Kern. Ich schaue abwechselnd in die Runde und auf mein Predigtskript. Ich registriere gerade noch, dass wir Gäste haben, die zum ersten Mal bei uns im Gottesdienst sind, und rede weiter:

»Wenn dich an Weihnachten, das erste Mal der Gedanke überfällt: ›Vielleicht ist das unser letztes gemeinsames Fest?!‹ Wenn sich dir bei diesem Gedanken zwischen ›Das darf auf keinen Fall so sein!‹ und ›Wäre es nicht vielleicht besser so?‹, die Kehle zuschnürt …«

Ich spreche die Worte aus. Es zieht sich ein wohlbekannter leichter Schmerz über meinen Nasenrücken. Ein Schmerz, der für gewöhnlich Tränen ankündigt.

»Nicht jetzt, nicht hier, nicht beim Predigen«, denke ich. Das ist so unangenehm. Für alle. Für mich als Predigerin. Aber noch mehr für meine Zuhörerinnen und Zuhörer, die meinen öffentlichen Gefühlsausbruch machtlos aushalten müssen. Ich hasse es, vor Leuten zu weinen.

Doch dann kullern nicht nur ein paar würdige Tränen über mein Gesicht. Ich heule. Alle Schleusen sind offen. Dann läuft mir auch noch die Nase. Scheiße. Mir gelingt es, noch einen Witz zu reißen. Aufgeben wäre dramatischer, als es ist. Zumal ich ja gar nicht traurig bin, sondern glücklich.

Ich empfinde keine nostalgischen Gefühle oder eine Sehnsucht nach der Vergangenheit. Es ist eher eine Mischung aus Mit-Leiden, Mitfühlen und Erinnerungs-Flashback. Wie ein Blitz zucken die Gefühle aus unserem letzten gemeinsamen Urlaub im Stubaital nochmal auf. Eine abgespeicherte Emotion.

Vor meinem Sturm im Stubaital lag ein Sommerhoch. Sommer 2014. Deutschland war Weltmeister. Eine Woche später bestand ich mein Examen. Sieben Jahre Uni lagen hinter mir.

Als Paar lagen sechs gemeinsame Jahre hinter uns. Seit vier Jahren lebten wir zusammen in einer schicken Wohnung. Wir hatten uns beim Kölner Karneval beim Feiern kennengelernt. Wie auch sonst. Aus dem gemeinsamen Feiern wurden Dates. Zu unserem zweiten Date schenkte der junge Radiologe mir eine Johnny Cash-CD. »*If you could read my mind, love.*« Aus Dates wurde Verliebtheit.

Verliebtheit war für mich kein Grund, mit jemandem zusammen zu sein. Liebe schon.

Dabei waren wir so unterschiedlich, wie es nur ging. Um es auf ein Beispiel zu reduzieren: Schlug mein Herz für alte VW-Busse, galt seine Leidenschaft einem Porsche 911, und sie wuchs mit der PS-Zahl – Dinge, die mich nie beeindruckten. Sein Herz schon. Obwohl wir das Leben in jeder Form von unterschiedlichen Sei-

ten betrachteten und angingen, hatte unsere Beziehung lange gehalten. Irgendwie fanden wir Kompromisse zwischen unseren Vorstellungen von Bus- und Porsche-Leben. Wir fanden beide Dinge
in der Welt des anderen, die wir mochten, aber auch Dinge, die wir
furchtbar fanden.

Wie sein Auto war auch Volker eher zielstrebig. Seine Karriere
verlief rasant. Facharzt. Promotion. Oberarzt.

Sowohl mit unseren beiden Autos als auch im Leben waren wir
durch diverse schöne und schlechte Wetterfronten gegangen beziehungsweise gefahren. Ich erinnere mich noch genau an den Tag, als
er sich die MRT-Bilder meiner Mutter ansah. »Wenn wir schon einen Radiologen in der Familie haben, dann kann der ja auch mal
auf meine MRT-Bilder gucken«, lachte meine Mutter und drückte
mir eine CD mit den Bildern ihrer letzten Untersuchung und ein
Glas Rosé in die Hand. Tags darauf kontrollierte Volker die Bilder.
Die Untersuchung sollte eigentlich nur den Bauchbereich erfassen.
Zufällig wurde die Untersuchung weiträumiger »gefahren«, wie es
im medizinischen Fachjargon heißt. Diesen Fachjargon hatte ich
über die Jahre nachts bei teleradiologischen Ferndiagnosen schon
oft live mitbekommen. Auf den Bildern war ein Teil ihrer Brust zufällig mitabgebildet.

Volker untersuchte die Bilder gründlich und schaute mich dann
nachdenklich an: »Deine Mama hat da eine winzige Stelle in der
Brust. Wahrscheinlich nichts Schlimmes. Aber sicher ist sicher.«

Als meine Mutter später ihren Mammographie-Termin wahrnahm, waren die anderen Ärzte verblüfft: »Frau Ungewitter, welcher Radiologe hat das denn bitte gesehen?«

Wie sich herausstellte, war der Tumor in ihrer Brust winzig.
Winzig, aber bitterböse. Diagnose Brustkrebs. Meine Mutter kam
ins Krankenhaus. Eine Operation entfernte den winzigen Böse-
wicht. Wir alle atmeten erleichtert auf. Volker war der Held der
Stunde. Ohne seine Diagnose wäre viel mehr Zeit verstrichen.

Weitere Untersuchungen wurden gefahren. Ich brachte wieder CDs mit nach Hause.

»Mira, da ist ein Schatten im Brustbein, wäre ich der behandelnde Arzt, würde ich eine weitere Untersuchung ansetzen.« Er war nicht ihr Arzt und es war nicht das Krankenhaus, in dem er arbeitete. Trotzdem setzte er die halbe Welt in Bewegung, um aus der Ferne eine weitere Untersuchung zu veranlassen. Etwas, was ihm aufgrund seines bescheidenen Naturells sehr unangenehm war.

Ich begleitete meine Mutter zur Bekanntgabe der Diagnose. Wir waren zuversichtlich. Der Tumor in der Brust war ja nur klein gewesen. Früh erkannt und sofort entfernt.

Die Nachricht war deshalb ein großer Schock: »Frau Ungewitter, ihr Krebs ist metastasiert und weite Teile ihrer Wirbelsäule sind angegriffen.« Die junge Ärztin wirkte betroffen. Damit hatten wir nicht gerechnet. Meine Mutter war tapfer wie eh und je. Trotzdem standen uns beiden die Tränen in den Augen. »Es wird alles gut. Gott ist groß«, wiederholte meine Mutter mehrfach auf der Rückfahrt. Ich nickte stumm und fuhr weiter. Ich wusste, dass sie damit keinen naiven Optimismus verbreiten wollte, sondern ihr und mir diese Gewissheit zusprach – egal, wie es ausgehen würde. Schock und Wunder liegen manchmal nah beieinander.

Sollte ich eines Tages ähnlich schwer erkranken wie meine Mutter 2015 an Krebs, hoffe ich nur, einen Bruchteil an der Stärke, dem Humor und dem Gottvertrauen aufbringen zu können. Rückblickend war nämlich ich es, die von uns beiden vermeintlich mehr Trost brauchte, als sie in meinem Beisein die Diagnose erhielt, dass der Krebs metastasierte. Letztlich tröstete sie sich allerdings dennoch ein wenig: »Ich darf so viele Tischdecken kaufen, wie ich will, ich hab Krebs.« Neben den Tischdecken war es aber auch in diesem Fall für sie in erster Linie die Gewissheit, dass Gott groß ist, die ihr Trost spendete.

Zum Zeitpunkt der Diagnose waren wir bereits vier Jahre zusammen. Volker hatte von Haus aus nie etwa mit Glauben oder

Kirche zu tun gehabt. Seit er sein Leben mit einer Theologin teilte, setzte er sich natürlicherweise intensiver mit diesen Dingen auseinander. Er kam sogar mit in Gottesdienste. Wir sprachen zu Hause viel über Glauben: Nicht glauben können, Gebet, Ängste und Zweifel. All dies schulte mein Gespür dafür, wie befremdlich Kirche wirken kann.

Aber wir teilten auch wundersame Erfahrungen wie diese, die ja wiederum mitten im Leid entstanden. Auch wenn diese beiden Diagnosen vielfältig erklärbar sind, so haben sie dennoch eine Spur mitten in all unsere Krisen hinein hinterlassen und meiner Mutter das Leben gerettet. Davon bin ich überzeugt.

Bis heute ist der Zustand meiner Mutter zwar immer wieder mit viel Leid verbunden, aber stabil.

Zwei Jahre später standen Veränderungen vor der Tür. Ich ging für acht Wochen nach Wien. Das Praktikum ließ auch mein Pastorin-Werden nun konkret werden.

Meine Liebe für die Stadt Wien und die *projekt:gemeinde* sprudelten beim Telefonieren mit Volker täglich aus mir heraus. Aufbruchsstimmung. Große Visionen. Ein Gefühl, dass alles möglich war.

Zudem glaubte ich, dass es auch Volker in Wien gefallen könnte. Unsere anfänglichen Pläne, nach dem Studium vielleicht eine Zeit nach Australien zu gehen, hatten wir bereits stumm begraben. Er besuchte mich in Österreichs schöner Hauptstadt, äußerte sich aber wenig enthusiastisch.

Jetzt wurde es immer offensichtlicher: Seit einiger Zeit lief es nicht mehr. Unsere unterschiedlichen Vorstellungen vom Leben spitzten sich immer stärker zu. Es war bereits ein gut zu vernehmendes, wenn auch entferntes Grollen zu hören. Streitereien, die in beiden von uns das Schlechteste hervorriefen. Sie waren die in regelmäßigen Abständen aufkommenden, lauter werdenden Vorboten des Sturms.

Nach Wien stand für mich aber zunächst mein Zusatzstudium in Berlin an, ein Zeitpuffer für etwaige Entscheidungen jeglicher Art. Eine Art temporärer Regenschutz, zumindest was die Beziehung anging.

Wenn man wie ich Evangelische Theologie an einer staatlichen Uni studiert hat und im Bund der Baptisten Pastorin werden möchte, ist dieses einjährige Zusatzstudium an der Theologischen Hochschule der Baptisten Pflicht. Das Jahr dient dabei vor allem der Vernetzung und dem gegenseitigen Kennenlernen. Gleichzeitig begann im letzten Semester der Vermittlungsprozess. Jetzt ging es darum, herauszufinden, in welche Baptistengemeinde wir zukünftigen Pastorinnen und Pastoren am besten passen könnten. Dafür gibt es extra einen sogenannten »Berufungsrat«. Der Berufungsrat ist dabei bemüht, so gut es geht den Wünschen und den Bedürfnissen sowohl von Seiten der Gemeinden als auch der zukünftigen Pastorinnen und Pastoren entgegenzukommen.

Kurz vor Weihnachten gipfelte der Prozess vorerst in einer Art Assessment Center, bei dem alle zukünftigen Pastorinnen und Pastoren auf ihre pastorale Ausrichtung hin abgeklopft wurden.

Ich ahnte schon, dass es wegen meiner Beziehung mit Volker Probleme geben könnte. So war es dann auch. Auch wenn die gesellschaftliche Realität mittlerweile anders aussieht, ist der mal mehr, mal weniger laut ausgesprochene Traum vieler Gemeinden immer noch der glücklich verheiratete Pastor, der mit seiner gläubigen Frau und großer Kinderschar in die Pastorenwohnung einzieht. In diese Kategorie passte ich noch nicht einmal ansatzweise.

Ich weiß auch nicht, ob es von vornherein naiv oder kämpferisch war, wie ich an die Sache ranging. Liiert mit einem »Nicht-Christen« und unverheiratet zusammenwohnen – das ziemt sich für eine künftige Baptisten-Pastorin nicht. Einzige Möglichkeit: Sie tut es heimlich. Auch wenn es einen gesunden Grad zwischen Privatsphäre und Heimlichkeit gibt, halte ich Heimlichkeit für keine christliche Kernkompetenz. Daran hat sich bis heute wenig geändert.

Es war für uns immer klar gewesen, dass wir heiraten wollten, aber erst nach meinem Studium. An diesem Entschluss wollten wir festhalten.

Im Vermittlungs-Assessment-Center spielten meine Kompetenzen keine Rolle. Sieben Jahre Hochschulstudium, Einser-Examen, Praktika, Ehrenämter, Auslanderfahrungen – egal.

Ich spürte aber auch, dass allen Beteiligten die Entscheidung wirklich schwerfiel und dass sie selber damit haderten. Was ich streckenweise für bigott hielt, war mehr die Erfahrung dahinter, dass der Beruf eben nicht wie andere Berufe ist.

Am Ende des Auswahlverfahrens stand das Votum fest: »Unvermittelbar.«

Frohe Weihnachten.

Es war Weihnachten, als mich das erste Mal der Gedanke überfiel: »Vielleicht ist das unser letztes gemeinsames Fest?« Doch noch wollte ich unsere Beziehung nicht aufgeben. Und ich beschloss, das Jahr gemeinsam zu beenden.

So pendelte ich weiter zwischen zwei Krisenherden: meiner theologischen Ausbildungsstätte, in der ich als »unvermittelbar« galt, und unserer gemeinsamen Wohnung in Köln, in der das Kriseln unüberhörbar geworden war. Krisenherde, die sich gegenseitig bedingten. Meine Beziehung deswegen aufzugeben, kam für mich nicht in Frage.

Mein Gott-Bauch-Gefühl war deutlich: Keine Institution steht über einer zwischenmenschlichen Beziehung. Punkt. Dennoch war es furchtbar.

Auf der einen Seite der Verteidigungskampf, in dem ich nach außen für unsere Beziehung eintrat, und nach innen ein Ringen mit und um dieselbige.

Doch noch wollten wir nicht aufgeben. Wir widmeten uns einem bei ähnlich verzweifelten Paaren beliebtem Ritual: komprimiert noch einmal alle Wetterlagen der Beziehung durchleben. Böses ahnend, dennoch alles hoffend, planten wir einen weiteren Urlaub als Paar. Es war ein schmerzhafter Versuch, in zehn Tagen das Ruder rumzureißen.

Ein Roadtrip mit Porsche. Intuitiv wollten wir nicht zu weit wegfahren. Wir entschieden uns für Bayern und Österreich. Ein paar Städte, Neuschwanstein, Natur und Wandern. Zum Auftakt fuhren wir auf der romantischen Rheinstraße von Bonn Richtung Süden. Gefahrene Nostalgie, historisch wie auch privat.

Bereits auf der Fahrt wechselten unsere Gefühlslagen wie die Richtung der kurvigen Straße. Freude und Frust. Spaß und Resignation. Ironie und Wut. Lachen und Streiten. Schönes und grausames Schweigen, gefolgt von den kleinen unterschwelligen Provokationen, die nur funktionieren, wenn man sich wirklich gut kennt. Im Hintergrund der Soundtrack unserer Kompromisse: Heavy Metall und Wagner im Wechsel mit Harry Belafonte und Johnny Cash. Wenn schon, dann richtig.

Schließlich kamen wir im Stubaital an. Unser Ziel war ein kleines Gasthaus, in dem Volker mit seinen Eltern als Kind Urlaub gemacht hatte. Die 80er Jahre waren wieder lebendig. Ein schönes schlichtes Zimmer mit einem Ausziehbett, Stühlen mit Herz in der Rückenlehne, dunkelgrün-braunen Kacheln im Bad und einem Balkon. Die Aussicht war atemberaubend.

Eine Wanderung sollte besonders denkwürdig werden. Unser Ziel war eine Berghütte. Es war sonnig und die Landschaft konnte sich noch nicht ganz zwischen Frühling und Winter entscheiden. Es sprießten einige Frühlingsblümchen in zartem Gelb. Die Wiesen waren zum Teil noch eher braun als grün. Einige Flecken waren immer noch mit Schnee bedeckt. Die Natur zeigte sich zerrissen zwischen Winter und Frühling. Auf den Wegen lag noch Schnee, der nur langsam schmolz, während man in der Sonne bereits im T-Shirt herumlaufen konnte. Wir hatten uns für eine dreistündige Tour entschieden. Es war kein schwerer Weg. Auf den höheren Berglagen lag ohnehin noch zu viel Schnee. Die Hütte gehörte zu den wenigen, die schon geöffnet waren. Außerdem sollte das Panorama wunderschön sein. Die Stimmung war anfangs gut.

Unterwegs trafen wir auf ein interessantes Paar. Sie komplett in pastellfarbener Kleidung, absolut schick. Er in grauer Baumwoll-Jogginghose, weißes Shirt, Jordan Airs an den Füßen, die langen Haare locker zum Knoten gebunden. Beide wirkten in der alpinen Umgebung wie eine nahezu surreale Erscheinung.

Wir kamen ins Gespräch und gingen die letzten 200 Meter zusammen zur Hütte. Die beiden stellten sich uns als »Ash, from Australia like the guy from Pokemon« und Wong aus Hongkong vor.

Ash und Wong hatten sich erst heute in dem Hostel im Dorf kennengelernt und spontan beschlossen, die Wanderung zusammen zu unternehmen. Wir setzten uns zu viert auf die sonnige Hütten-Terrasse. Schnell kamen wir ins Gespräch. Volker tauschte sich begeistert mit Wong über Hongkong aus. Er war bereits öfter da gewesen. Die saubere Stadt, die Technik und der Luxus faszinierten ihn.

Ash aus Australien hatte seine nassen Socken zum Trocknen in die Sonne gehängt und berichtete mir, dass er gerade zwei Wochen in Wien gewesen war. Wir teilten die Euphorie für Wien und wurden uns überdies schnell einig, dass nur das Anziehen von nassen Neoprenanzügen schlimmer war als das Anziehen von feuchten Socken. Außerdem reparierte Ash gerne alte Autos. Ich erzählte ihm von meinem Bus in Köln und er war begeistert.

Bildlicher hätten uns unsere Kontraste nicht vorgeführt werden können. Auch Ash schien sich seine Gedanken über uns zu machen. Leise fragte er mich, ob wir ein Paar seien. Ein Mensch mit Gespür. »Man merkt es also auch von außen«, dachte ich mir. Ich nickte. Er erzählte weiter, dass er vor zwei Wochen in Wien eine Frau kennengelernt hatte und jetzt überlegte, zu ihr zu ziehen.

Ich wiederholte das Ganze auf Deutsch, zugegebenermaßen in einem schnippischen Tonfall, in Volkers Richtung: »Hast du das gehört? Ein Australier, der nach zwei Wochen für eine Frau nach Wien ziehen würde.«

In der Nacht überfiel mich die Trauer, sie war bodenlos. Volker schlief tief und fest. Er bekam nicht viel mit. War die Nacht in Miami die einsamste Nacht meines Lebens gewesen, war diese Nacht im Stubaital mein persönlicher Höhepunkt zweisamer Einsamkeit.

Nach unserem Urlaub dauerte es noch zwei Monate, bis wir uns trennten. Es fühlte sich wie das langsame Abreißen eines Pflasters an. Und es kamen noch zahlreiche weitere schmerzhafte Tiefschläge hinzu:

Mein alter brauner Bus wurde gestohlen, was allein schon bitter genug war. Was es jedoch besonders schmerzhaft machte, war, dass meine Eltern gerade erst 7000 Euro in die Restauration gesteckt hatten. Bei dem Geld handelte es sich zum Großteil um die Abfindung meiner Mutter, die sie bekommen hatte, weil sie früher in Rente gegangen war. Der Bus war gerade aus der Werkstatt gekommen. Er war nicht nur mein Liebling geworden, sondern auch der meiner Eltern. Im August sollte es wieder nach Cornwall gehen. Er war eine rollende Schatztruhe schöner Erinnerungen. Ich versuchte mir einzureden, dass es dennoch nur ein Gegenstand war.

Die zweite Hiobsbotschaft folgte auf dem Fuße. Meine Oma verstarb ein paar Tage später. Oma Ruth war über 90 geworden, doch ihr Tod belastete uns trotz ihres hohen Alters sehr, denn er zog einen schmerzhaften Familienstreit nach sich, der vor allem meiner Mutter sehr zu schaffen machte.

Am Wochenende war ich wieder in Elstal bei Berlin, wo ich weiterhin mein Zusatzstudium absolvierte. Es war Sonntag und ich wollte mit Freunden auf einen Flohmarkt.

Ich rief Volker kurz an, ohne bestimmten Grund. Das Gespräch nahm, ohne dass einer von uns es so geplant oder gewollt hatte, eine Richtung an, aus der wir nicht mehr herauskamen.

So endeten sieben Jahre Beziehung am Telefon. Keine gute Woche. Natürlich führten wir noch weitere Gespräche, aber es war vorbei. Es war klar, dass es niemals mehr ein Zurück geben würde. Das war traurig, aber auch befreiend. Ich war froh, erst mal weit weg von Köln zu sein.

Ich suchte mir einen guten und ruhigen Ort, um nach allen Regeln der Kunst zu leiden. Trauer vergeht nur durch Trauern. Die Julisonne sperrte ich aus und verbrachte ähnlich wie Jesus im Boot viel Zeit mit Schlafen.

»Gott ist denen nah, die gebrochenen Herzens sind«, wie es in einem Psalm heißt. Hier war er mir besonders nah. Der Halt im Glauben gibt zum einen tiefe Stärke. Er ist wie Flügel, die sich im richtigen Moment öffnen. Wenn jedoch hinter allem ein göttlicher Wille gesehen wird, kann der Glaube auch Anlass für Spekulationen sein: Was ist denn nun Gottes Wille?

Theoretisch war nun nach dem Ende meiner Beziehung, die zum Votum »als Pastorin unvermittelbar« beigetragen hatte, zumindest der Weg für eine klassische Karriere als Pastorin wieder frei. Aber wollte ich das noch? Konnte ich das noch? Wollte ich fremde Menschen und Institutionen dermaßen über mein Privatleben mitreden zulassen? Liebe muss auch über Konfessions- und Religionsgrenzen hinweg möglich sein, davon bin ich auch weiterhin fest überzeugt.

Im Laufe der kommenden Wochen zog ich mit über dreißig Jahren vorübergehend wieder bei meinen Eltern ein. Ich hatte schon bessere Zeiten erlebt. Meine Eltern glaub ich auch. Der beste kleine Bruder der Welt machte mir Platz.

Ich wog bereits Karrierealternativen ab. Sollte ich Lehrerin werden? Freie Rednerin? In Vollzeit promovieren? Trauerbegleiterin bei einem Bestattungsunternehmen werden? Oder doch Pastorin? Ich hatte keine Ahnung.

Ich fühlte mich unsäglich abgekämpft. Allerding nicht besiegt. Der Sturm hatte mich viel Kraft gekostet, aber mir auch ein neues Sichtfeld eröffnet. Ich brauchte eine Pause. Die Nadel meines Kompasses musste sich neu ausrichten. Ich wollte keine Entscheidungen aus Angst, Trauer oder Wut fällen. Zumindest keine elementaren.

Nach zwei Monaten setzte ich alles auf eine Karte: Im Vertrauen auf mein Gott-Bauch-Gefühl entschied ich: Wenn ich Pastorin werde, dann nur in Wien.

Meine Eltern kauften sich einen neuen Bus. Er war nicht vergleichbar mit meinem geliebten ersten Bulli. Gott, wie ich dieses Auto vermisste. Eigentlich vermisste ich meinen Bus vier Jahre lang, bis ich mir einen neuen leisten konnte.

Der neue T4 meiner Eltern war allerdings zumindest praktisch. Mein bester Kumpel Jan und ich beschlossen spontan, zusammen in den Urlaub zum Surfen zu fahren. Die Wochen davor hatten wir wieder so gefeiert wie zu Studienzeiten.

Unser Motto: Weil wir es können. Die gute Laune übertrug sich auf die Fahrt. Große Songs. Schlecht gemischt. Wir verbrachten eine kompromisslos fantastische Zeit.

Es war irgendein Nachmittag. Jan war unterwegs. Er erklärte entweder wieder einem Surfer den Ozean oder holte Eiswürfel für den Rosé. Alles war ruhig. Ich war morgens im Wasser gewesen und hatte zumindest eine halbwegs erfolgreiche Welle. Jetzt saß ich zufrieden auf meinem dunkelgrünen Campingstuhl und nippte Kaffee aus meiner Campingtasse. Beim Campen ist Zubereiten des Kaffees immer fast etwas Zeremonielles.

Und plötzlich wusste ich: Ich bin frei. Heiße Tränen laufen mir über die Wangen. Alles ist gut. Es wehte ein leichter Wind, aber er hatte sich gedreht und der Sturm war still.

Drei Monate später wurde ich mit 97 Prozent aller Stimmen zur neuen Pastorin der Projektgemeinde berufen. Mein Wiener Wendepunkt.

Vor der Predigt hatte ich gezögert. Kann ich meine persönliche Trennungsgeschichte mit reinnehmen? Oder ist das zu viel? In der Predigt waren es nur vier Sätze. Hier sind es immerhin einige Seiten.

Es bleiben Fragmente. Fragmente aus einer neuen Perspektive. Ein Rückblick ist manchmal leichter als eine Vorausschau. Besonders bei vernebelter Sicht. Krisen preiszugeben, macht angreifbar. Es bleiben sensible Stellen im Gedächtnisprotokoll meiner Seele.

Natürlich gibt es auch weitaus schlimmere Situationen als eine Trennung oder einen Autodiebstahl. Aber Leiden ist auch keine Wettkampfdisziplin. Und ich glaube, dass die Geschichten von anderen uns helfen.

Ein Satz, der mich geprägt hat, lautet: »Jeder Mensch war in einer Krise, ist gerade in einer Krise oder steuert auf eine Krise zu.« – Ich weiß nicht mehr genau, wo ich diese Weisheit aufgeschnappt habe. Wenn ich diesen Satz bei verschiedenen Gelegenheiten zum Besten gebe, ist die Reaktion meist eher etwas beklommen. Ich find ihn recht befreiend. Dabei bin ich weit weg davon, keine Hoffnung zu haben. Denn Hoffnung heißt für mich nicht zu sagen: Es wird nie einen Sturm geben. Hoffnung heißt für mich: Ich bin nie allein im Sturm.

Ich stehe noch immer vor meinem Notenständer-Predigtpult. In meiner Predigt wollte ich Mut und Hoffnung transportieren. Ich wollte predigen, dass es vorbeigeht. Aber auch, dass es okay ist, wenn man gerade wie die Jünger einfach nur verzweifelt ist. Angst ist erlaubt. Sie wird nicht ausgeklammert.

Eine kurze Pause. Dann versuche ich mein Predigtskript durch den Tränenschleier wieder zu finden. Ich ringe um Fassung. Gott, ist das unangenehm. Ich beiße mir auf die Unterlippe und kämpfe mich durch die Predigt. Dann finde ich meine Stimme wieder. Ich lese mehr, als dass ich predige, und ringe mich bis zu den Hoffnungsworten durch. Amen.

Was ich noch nicht wusste, während ich predigte, war, dass sich noch ein neues gebrochenes Herz im Raum befand. Manchmal fühlt sich mein Leben als Pastorin wie eine christliche Folge von »Gute Zeiten, schlechte Zeiten« an. Mit einem Drehbuchautor auf Speed.

Der arme Kerl sah nach dem Gottesdienst verheulter aus als ich. Seine Freundin hatte sich erst vor zwei Tagen von ihm getrennt. Er hatte bereits einen Verlobungsring für sie ausgesucht. Tränenüberströmt mit einem Bier in der Hand standen wir später beide vor der Tür. »Danke, das war stark, Mira.«

Manchmal macht vermeintlich geteilte Schwäche doppelt stark.

FEIERND UND FREI

»Das ist hier der Partytisch,
nicht der Arbeitstisch.«

ch bin in München. Es ist ein Montag, kurz nach 20 Uhr, und ich sitze im Trachtenvogl, einer Café-Bar nahe dem Gärtnerplatz. Der Laden ist ziemlich voll, die Möbel sind wild zusammengewürfelt. Auf der Suche nach einem steckdosennahen Platz setze ich mich mit an einen großen Tisch an den einzigen freien Platz im Raum. Den Tag habe ich in meinem Verlag verbracht.

Zugegebenermaßen ist es nicht mehr die ideale Zeit, um noch mit seinem Laptop in einer Café-Bar zu arbeiten. Aber die Deadline für mein Buch rückt beunruhigend näher. Deadline. Todeslinie. Gruseliges Wort. In meinem Notizbuch habe ich die Struktur skizziert: Auf die »Krise« folgt das Kapitel »Feiern«. Sollte ja nicht so schwer sein. Zumal Feiern zu meinen Kernkompetenzen zählt. Jetzt sitze ich also am Partytisch. Die beiden jungen Frauen lächeln mich an, während ich an dem Kabel rumfummele und innerlich schmunzle.

»Der Partytisch?«, frage ich zurück. »Partytisch passt gut. Ich schreibe gerade über das Feiern.«

»Bist du Journalistin?« Ich klappe meinen Laptop auf.

»Nicht ganz. Ich bin Pastorin und schreibe gerade ein Buch.«

Jetzt schauen mich vier große Augenpaare an. Einen gewissen Überraschungsmoment bin ich inzwischen gewohnt. Aber etwas ist diesmal anders. Wir stellen uns kurz vor. Da ich heute im Verlag war, habe ich zufällig den Prospekt dabei, in dem den Buchhändlern mein neues Buch angekündigt wird. Ich reiche den beiden einen Prospekt rüber.

Sandra, die mich auf den Partytisch verwies, liest interessiert den Titel: »Roadtrip mit Gott«. Dann sprudelt es nur so aus ihr heraus. Sie hat sich gerade eine dreimonatige Auszeit genommen. Zurzeit beschäftigt sie sich intensiv mit Glaubensfragen und Spiritualität. Vor Jahren hatte sie einen schlimmen Unfall. Danach fand sie einen Job, der ihr Stabilität vermittelte. Jetzt sucht Sandra neue Herausforderungen. Kommende Woche geht es für sie nach Thailand. Drei Monate. Wie lange sie dort bleiben wird, weiß sie nicht. Einen Rückflug hat sie noch nicht gebucht.

Auch im Alltag macht sie gerade spannende Begegnungen. Seit Wochen wechselt sie bei der Arbeit immer wieder ein paar Worte mit einem Paketboten. Sie nennt ihn ihren »Apostel«, weil sie sich mitten im Arbeitsalltag kurz mit ihm über Sinnfragen austauscht. »Meine Kollegen meinen: ›Der spinnt.‹« Ich denke mir: ›Ihr spinnt.‹« Ein Apostel in Paketbotenuniform. Sandra lacht. Sie ist fröhlich und ich spüre ihre Freude und Euphorie für die jetzige Situation und für das Abenteuer, das vor ihr liegt.

Jacky blättert derweil still in dem Prospekt.

»Was meinst du, wie sieht Gott aus?«, fragt Sandra.

Ich klappe den Laptop zu und bestelle noch ein Getränk. Aus meinem Kaffee wird eine Weißweinschorle. Deadline hin oder her. Man muss die Feste feiern, wie sie kommen.

Dann erzähle ich, wie ich mir Gott vorstelle. Ich glaube nicht, dass Gott sich optisch festlegt. »Gott ist gut und *sie* liebt uns.« – Ein geflügeltes Wort bei uns in der Gemeinde. Gott ist weder Mann noch Frau. Auch wenn Gott alles in sich vereint, geht er doch über alles hinaus. Die Bibel erzählt sowohl von väterlichen, aber auch von mütterlichen Seiten Gottes. So heißt es zum Beispiel an einer Stelle: »Ich werde euch trösten wie eine Mutter ihr Baby tröstet.«

Sandra ist fasziniert. Vor kurzem hat sie den Film »Die Hütte – Ein Wochenende mit Gott« gesehen. Der amerikanische Spielfilm war auch hierzulande ein Erfolg. In dem Film, und auch in der meilenweit besseren Buchvorlage, geht es um Mack, dessen Tochter Opfer eines grausamen Verbrechens geworden ist. Gott ist in dem Buch eine Afroamerikanerin, die in einer Hütte wohnt und ihn zu sich einlädt. Ich empfehle Sandra dringend auch das Buch zu lesen.

Während Sandra und ich uns immer weiter fröhlich austauschen, bleibt Jacky weiterhin still. Den Prospekt hat sie immer noch in der Hand. Sie hört uns zu und sieht mich stumm an. Ich habe das Gefühl, das Gespräch und die Situation überfordern sie. Zwei Fremde, die recht schnell und unerwartet tief in die Materie »Glauben« einsteigen. Das kann schon komisch wirken.

Ich erzähle, wie gerne ich feiere. Dass sich gerade beim Feiern immer wieder die ganze Fülle des Lebens finden lässt.

»Wie viele wundersame Begegnungen hatte ich allein schon auf Damentoiletten?!«, lache ich. »Cheers.« Darauf trinke ich einen großen Schluck Schorle.

»Dann suche ich jetzt mal ein Wunder auf der Toilette!« Sandra steht lachend auf.

Jacky guckt mich immer noch ungläubig an. Dann bricht es aus ihr heraus: »Sorry, aber ich kann einfach nicht fassen, was hier gerade passiert.« Tränen treten in ihre Augen. »Ich bete seit Wochen für ein Zeichen.«

Und dann erzählt sie, dass sie gerade in einer Krise steckt. Sofort vermute ich ein gebrochenes Herz. Doch ich liege falsch. Die Krise, von der Jacky erzählt, ist vor allem eine Glaubenskrise. Anders als Sandra ist sie christlich aufgewachsen. Sie hat selbst lange in christlichen Gruppen mitgearbeitet. Aber jetzt ist da ein Loch. Sie kann eine gewisse Enge nicht mehr ertragen und hadert mit den vielen ausgesprochenen und unausgesprochenen Vorschriften und Regeln in ihrer Gemeinde, die bestimmen, wie man sich als »richtige« Christin zu verhalten habe.

Sie deutet auf den Prospekt. Über der Seite, auf der mein Buch angekündigt wird, prangt die Headline: »Lasst doch den kleinkarierten Regel-Jesus sein.« Ein Ausspruch, der sie mitten ins Herz getroffen hat. »Deutlicher hätte das Zeichen nicht sein können.«

Sie weint.

Sandra kommt zurück und nimmt sie in den Arm, ohne nach dem Grund zu fragen. Muss sie auch nicht. Wir reden weiter über Krisen. Darüber, dass auch Krisen Wendepunkte sein können und dass Jesus selbst Krisen gut kannte. Gott und die Welt bei Weißweinschorle am Partytisch.

Wir werden noch an Ort und Stelle alle drei Facebookfreundinnen. Ich lade Jacky zum Abschied nach Wien ein. Am Tag drauf scheibt sie mir, wie sehr sie die Begegnung bewegt hat. Sie würde das Angebot, nach Wien zu kommen, gerne annehmen. Ich freue mich darauf, sie schon an Pfingsten wiederzusehen.

Eine krasse Begegnung. Vielleicht nicht beim Feiern. Aber doch irgendwie dank des Feierns.

Manchmal stelle ich mir die Frage: Wo wäre ich, wenn ich weniger gefeiert hätte? Habe ich nicht zu viel Zeit damit verschwendet? Ich komme immer zu derselben Antwort: Ich wäre nicht da, wo ich jetzt bin. Wie viele Momente mir entgangen wären. Wie viele Menschen ich nicht kennengelernt hätte. Zumindest wären die Gespräche beim Brettspielabend mit Früchtetee höchstwahrscheinlich anders verlaufen. Es gibt halt wenige gute Geschichten, in denen roter Früchtetee die Hauptrolle spielt.

Feiern steht häufig im Verdacht, moralisch fragwürdig zu sein. Ein Rausch ist etwas, was es eher zu vermeiden als zu glorifizieren gilt. Vor allem in christlichen Kreisen assoziieren viele Menschen mit dem Wort »feiern« etwas Zwielichtiges. Wobei sich auch hier die Zeiten ändern. Dabei wurde Jesus selbst als Fresser und Weinsäufer beschimpft, der sich mit zwielichtigen Menschen an den Tisch setzte. Wieder einer dieser Punkte, die ich an Jesus schätze.

Ich habe definitiv mehr Zeit auf Tanzflächen und in Theken als in Hörsälen verbracht. Dabei habe ich viel gelernt. Natürlich war auch da nicht alles schön. Im Gegenteil. Es gab Abgründe und Dramen jeglicher Art. Auch aus mir selbst holt der Rausch nicht immer nur die besten Seiten heraus.

Und dennoch bin ich der Überzeugung, dass sowohl der Rausch als auch das Feiern fundamental mit der Bibel verbunden sind. Genauso wie das Fasten und die Askese. Eben alles zu seiner Zeit.

Obwohl Jesus selbst so gern feierte, er Gott als Weinstock bezeichnete und sogar den Wein und den Weinkelch kurz vor seiner Kreuzigung zu Symbolen seiner Herrlichkeit erklärte, sind viele seiner Anhänger eher bei Askese und Früchtetee hängen geblieben. Das hat sich auch außerhalb seiner Anhängerschar herumgesprochen.

***

»Ich geh doch nicht auf die Party einer Theologiestudentin!«

Es muss eine Menge Überredungskunst gebraucht haben, eine willensstarke Frau wie Donata doch noch auf meine Party zu bekommen. 2000 Jahre hat ein Großteil der Christenheit effektiv an ihrem spaßfreien Image gearbeitet. Dieses Image hatte sich nicht nur in Donatas Kopf festgesetzt.

Es war mein 23. Geburtag und die zweite große Feier in meinem kleinen 24m²-Apartment in Köln über der »Scheinbar« stand an. Die Decke meiner Lieblingsbar war mein Fußboden. Traumhaft.

Nach meiner Rückkehr aus Brasilien hatte ich mit dem Theologie-studium begonnen und war von zuhause ausgezogen. Neben meinem Studium führte ich Besuchergruppen durch das Kölner Schokoladenmuseum und jobbte als Stadt- und als Brauhausführerin. Über Schokolade, Köln und Bier reden, das konnte ich.

Die Kombination aus Schokolade, Scheinbar und Kölsch brachte mir sogar eine Erwähnung in der *New York Times* ein. Nachdem ich einem amerikanischen Besucher des Schokoladen-museums geholfen hatte, sich auf seinem Stadtplan zu orientieren, hatte er noch eine andere Frage. »Trinken eigentlich auch junge Menschen Kölsch?« Der Mittdreißiger war in den Brauhäusern der Altstadt gewesen und war dort vor allem älteren Herren begegnet. Evan war Journalist und schrieb gerade einen Reisebericht über regionale Biersorten in Deutschland. Von Berlin über Köln nach Leipzig bis München einmal hopfenbetont durch die Republik. Alles im Auftrag der *NYT*.

Ich konnte Evan definitiv helfen. Spontan lud ich ihn ein, mit mir und meinen Freundinnen um die Häuser zu ziehen. Als Brauhausführerin wusste ich einiges über die Kölsche Bierkultur zu berichten. So kamen Kölsch, Köbes & Co unter dem Titel »*On A German Beertrail*« nach New York.

Donata und ich hatten gemeinsame Bekannte. Jungs von der Sport-hochschule Köln. Sportstudenten waren erfahrungsgemäß Garanten guter Laune und Katalysatoren für eine ordentliche Party. Als sie allerdings Donata vorschlugen, auf die Party einer Theologin zu gehen, hielt sich ihre Begeisterung in Grenzen. Schließlich ließ sie sich doch überzeugen, zumindest zum »Vorglühen« mitzu-kommen.

Die Vorbereitungen für das Fest in der Einzimmerwohnung waren bereits getroffen. Mein technikbegeisterter kleiner Bruder, damals vierzehn Jahre alt, hatte sich tagsüber ins Zeug gelegt. Eine fette Anlage. Bunte Beleuchtung und natürlich eine Discokugel.

Im Vergleich zu seiner großen Schwester konnte sich Hagen nie so richtig mit dem Feiern anfreunden. Dafür machte er später als Veranstaltungstechniker das Feiern der Anderen zu seinem Beruf.

Als Grundlage und Party-Zwischenversorgung dienten zehn Liter »Peter Lustigs einfache Kartoffelsuppe.« Der kulinarische Partyklassiker, von Mama gekocht. Geheimzutat: Fett. Von Papa vorbeigebracht.

24 Quadratmeter. 10 Liter Kartoffelsuppe. 8 Kästen Kölsch. 15 Liter Sangria.
6 Flaschen Korn. Diverse Tütchen Brause.
Motto: Mira hat Geburtstag. Niveau war gestern, heute gibt es Korn.

Ko-Bra, Korn-Brause, war damals eine beliebte Möglichkeit, die Wirkung des Kölsch zu unterstützen. Erst die Brause. Dann der Korn. Flüssiges Entertainment im Mund mit Kopfschmerzgarantie.

Um das Motto ganzheitlich umzusetzen, war auch die Playlist liebevoll gestaltet. Von DJ Bobo bis David Hasselhoff war alles dabei.

Natürlich auch auf meiner Geburtstags-Playlist: die Hymne des 1. FC Köln. Die ursprünglich schottische Melodie erweckt in Köln nahezu religiöse Gefühle. Es gibt kaum einen schöneren Moment in Köln. Egal ob im kleinen oder großen Kreis, egal ob im Club oder in einer Bar, mitten auf der Straße oder sogar im Kölner Dom. Wenn die ersten eindrucksvollen Töne des Dudelsacks erklingen, sind alle dabei. Traditionell wird der Versuch gestartet, einen Kreis zu bilden. Arme werden über die Schultern gelegt. Wankend und mit einem Pathos, als ob es um Leben und Tod ginge, wird die Treue zu dem Fußballverein mit dem Geißbock besungen. Aufstieg. Abstieg. Ganz egal. Die Verbundenheit ist nicht an die Leistung gebunden. Wir feiern. »Mer ston zu dir FC Kölle.«

Vom Party-FC-Moment waren wir allerdings noch weit entfernt, als Donata in der Tür stand und mich etwas skeptisch musterte. Mein Minirock und mein Shirt schienen sie ein wenig zu beruhigen: »*Du* bist die Theologin?!«

Donata blieb die ganze Nacht und feierte mit in meinen 23. Geburtstag hinein. Im Laufe des Abends schoben sich rund hundert Gäste durch meine kleine Wohnung. Wenn auch nicht alle gleichzeitig. Freunde, Bekannte und Fremde. Da ich im ersten Stock über einer Bar wohnte, lud ich kurzerhand Leute von der Straße ein, mitzufeiern. Es wurde gelacht, getrunken und gesungen.

Gegen vier kündigte das Blaulicht von drei Streifenwagen Ärger an. Mittlerweile waren wir nur noch eine kleine Runde mit großem Spaß. Nicht weniger als acht Polizisten betraten mein kleines Apartment. Sie waren erstaunt, dass so wenige Leute für so viel Lärm verantwortlich waren.

Ein Beamter erkundigte sich nach der Veranstalterin.

»Das wäre dann wohl ich.« Ich war fast erleichtert, da ich zwar aufgekratzt, aber todmüde war. Die Polizisten lösten die Party auf und warnten uns, dass sie sofort wiederkommen würden, wenn wir unsere Party fortsetzen sollten. Es wurde ein Bußgeld in Höhe von 35 Euro fällig.

Am nächsten Tag arbeitete ich acht Stunden lang im Schokoladenmuseum. »Wer feiern kann, kann auch arbeiten.« Der große Spielverderber unter den Binsenweisheiten. Trotzdem ist was dran. Eben alles zu seiner Zeit. Kater und Kakao. Happy Birthday.

Kater und Arbeit hin oder her. Wieder hatte mir das Feiern eine neue Freundin beschert. Monate später saß ich bei Donata auf der Couch. Wir tranken Prosecco. Den aus der Drei-Euro-Kategorie im Supermarkt. Vorglühen. Eine weitere Kölner Partynacht stand uns bevor.

Auf dem Glastisch lag ein Foto. Donata als Zwölfjährige am Strand. Ich schaue mir das Kinderfoto genauer an. Die Felsformation im Hintergrund kenne ich doch?!

»Ist das Almadrava?«

»Ja, da haben meine Eltern und ich immer unseren Sommerurlaub in dem Hotel oberhalb des Strandes verbracht.«

Das konnte ich kaum glauben: »Wir waren immer unten, in dem Apartment am Strand.«

Ich erzählte ihr von meiner »Felsengeschichte« und zeigte ihr die Narbe an meinem Schlüsselbein. Die große Welt ist manchmal sehr klein und voller Überraschungen.

Ich mag den Gedanken, dass wir zur selben Zeit am selben Ort am Stand gespielt haben oder vielleicht beide an einem warmen Sommerabend Ausgehzeiten mit unseren Eltern verhandelten.

Oktober 2018. Elf Jahre nachdem Donata nicht auf meine Party wollte, feierten wir wieder ein Fest zusammen. Die Hochzeit von Donata und Ingo. Die beiden gingen nun schon seit über zehn Jahren durch dick und dünn. Im Jahr zuvor hatten sie eine sechsmonatige Weltreise unternommen. Danach hatte Ingo ihr einen Antrag gemacht. Das Kleid hatten wir gemeinsam am Tag nach Weiberfastnacht ausgesucht. Nachdem Donata drei Stunden festliche Roben durchprobiert hatte, feierte sie später in einem Chiquita-Bananen-Ganzkörperkostüm Karneval.

Am Tag der Hochzeitsfeier trafen wir uns alle bei einer befreundeten Friseurin im Salon. Ich war kurz vorher aus Wien angereist. Es war der erste Trip mit dem neuen alten VW T3 »Karlchen« nach Köln. Nachdem Donatas Frisur perfekt war und auch mir Lockenwickler verpasst worden waren, fuhren wir die 30 Kilometer zur Festlocation. Ein kurzer Hochzeitsroadtrip mit Lockenwicklern.

Die Hochzeit war festlich. Ein barocker Saal in Bonn. Kronleuchter und Kandelaber. Mein kleiner Bruder hatte auch hier die Anlage organisiert. Meine Eltern hatten sie in ihrem Bus transportiert. Einige Dinge ändern sich anscheinend nicht. Ich hatte die Ehre, Trauzeugin und Traurednerin in einem zu sein. Eine Standesbeamtin vollzog die Trauung. Ich hielt die Rede.

Nach der offiziellen Begrüßung des Paares und der Festgemeinschaft begann ich die Traurede mit dem Satz: »Ich geh doch nicht auf die Party einer Theologiestudentin!«

Hochzeitsfeiern sind immer etwas Besonderes. Ich liebe dieses »Ja« zur Liebe und zum Leben. Freunde zu verheiraten, steigert das Ganze noch mal. Es ist schön, an einem so besonderen Moment teilhaben zu dürfen. Nach zehn Minuten beendete ich meine Rede:

»Donata und Ingo, Ich wünsche euch, dass eure Ehe eine Welt- und Weltenreise bleibt. Dass sie ein Abenteuer bleibt, dass ihr alte schöne Orte wieder besucht und neue Dinge entdeckt und dass ihr unter dem Schutz des Höchsten steht. Jetzt lasst uns so richtig feiern!«

Und wie wir gefeiert haben. Wir verließen um 5 Uhr die Hochzeits-Location. Der Wein war alle.

Wie könnte ich an dieser Stelle nicht zu der berühmten Geschichte der Hochzeitsfeier zu Kana überleiten?! Ein bisschen billig, aber charmant.

Auch diese Geschichte ist kurz erzählt: Jesus besucht mit den Jüngern eine Hochzeit. Auch Maria, seine Mutter, ist unter den Gästen. Ein Hochzeitsfest war auch vor 2000 Jahren schon ein Fest, bei dem viel getrunken wurde. Dann passiert, was jede gute Party sprengt: Das Festgetränk ist aus. Peinlich. Der Mundschenk ist ratlos. Maria ist entsetzt, was sie mir sehr sympathisch macht. Lösungsorientiert ergreift sie die Initiative und wendet sich an ihren Sohn: »Der Wein ist leer.« Jesus überhört den Appell nicht, entgegnet aber zuerst nur ziemlich schroff: »Was willst du von mir Frau? Meine Stunde ist noch nicht gekommen.« Den höflichen Mustersohn gibt Jesus hier nicht. Aber dann wird er doch aktiv und weist die Bediensteten an, die sechs Weinkrüge mit jeweils hundert Liter Wasser aufzufüllen. Das macht insgesamt 600 Liter!

Vom eigentlichen Wasser-zu-Wein-Wunder wird nicht berichtet. Fest steht, dass am Ende wieder Wein im Haus ist, der sogar noch besser schmeckt, als der alte. So endet die Geschichte mit dem erstaunten Mundschenk, der den Bräutigam ungläubig fragt, wieso er den besten Wein erst jetzt ausschenken lässt: »Jeder setzt zuerst den guten Wein vor, und erst wenn die Gäste zu viel getrunken haben, den weniger guten. Du jedoch hast den guten Wein bis jetzt aufbewahrt.« (Joh 2,10)

Die Geschichte zählt zu den berühmtesten Wundererzählungen Jesu. Sie ist die erste einer Reihe von insgesamt sieben sogenannten Zeichenerzählungen, an deren Ende Lazarus, ein Freund Jesu, von den Toten auferweckt wird. Das Wasser-zu-Wein-Wunder bildet den Auftakt der Reihe, die in Tod und Auferstehung endet.

Das erste Wunder ist auf den ersten Blick kein besonders wohltätiges Wunder. Es findet keine Heilung statt und auch keine Brotvermehrung angesichts großen Hungers. Stattdessen wird Wasser zu Wein gemacht – auf einer Hochzeit, bei der schon alle Gäste gut einen im Tee haben. Denn dass das so ist, zeigt die Anspielung des Mundschenks: »Wenn die Gäste zu viel getrunken haben …«

Für mich ist die Erzählung unter anderem eins: Jesus' »Ja« zum Rausch des Feierns. Das höre ich da zumindest heraus. Die bibelkundigen Zeitgenossen werden damals außerdem noch an eine andere Stelle aus dem Alten Testament gedacht haben, die sie alle sehr gut kannten. Dort verkündet ein Prophet namens Jesaja: »Der HERR der Heerscharen wird auf diesem Berg für alle Völker ein Festmahl geben mit den feinsten Speisen, ein Gelage mit erlesenen Weinen, mit den feinsten, fetten Speisen, mit erlesenen, reinen Weinen.« (Jes 25,6)

Lässt man den befremdlichen Klang des alten Sprachgebrauchs mal bei Seite, ist das eine recht verlockende Vorstellung: Am Ende der Tage werden alle Völker an einem Tisch sitzen. Bei feinsten Speisen. Ein Gelage mit erlesenen Weinen. Der Wein wird sogar doppelt betont.

Dass Jesus nicht den leckeren Nachtisch, sondern den Wein vermehrt, ist in meinen Augen kein Zufall. Der Wein ist in der Hochzeitsgeschichte mehr als ein Getränk. Er ist ein Symbol für das Leben nach dem Tod. Ein Vorgeschmack auf die Ewigkeit und das Ende allen Leidens.

Die Herrlichkeit Jesu als Sohn Gottes endet nicht mit seiner Kreuzigung, sondern wir Christen glauben an seine Auferweckung. Die Kraft, den Tod zu überwinden, wirkt so auch in das Weinwunder hinein, das mit einem Versprechen endet: »Der beste Wein kommt zum Schluss.«

Tod und Feiern sind enger miteinander verbunden, als man vielleicht meint. Diese Verbindung fasziniert mich schon lange. Als nach meinem Studium und meinem Zusatzstudienjahr unklar war, wohin mein beruflicher Weg mich hinführen würde, zog ich nicht nur in Erwägung, erst mal in die Wissenschaft zu gehen und in Vollzeit zu promovieren. Ich erstellte auch eine Liste mit allen noch so absurden Berufsideen. Berufe, die mich interessierten. Neben Adelsexpertin in den Fußstapfen von Rolf Seelmann-Eggebert, freier Rednerin für Hochzeiten und andere Feste sowie Barkeeperin in einer eigenen Bar notierte ich dort auch Trauerbegleiterin. Berufsideen, die jedoch nur auf den ersten Blick absolut gegensätzlich waren.

Memento mori. »Bedenke Mensch, dass du stirbst, auf dass du klug werdest.« Das Thema Tod hatte mich schon als Kind interessiert. Ich erinnere mich deutlich an die Stunden nach dem Tod meiner Uroma, als ich immer wieder in das Schlafzimmer schaute, bis der Bestatter kam. Oder auch an einen Urlaub in Österreich. Mein Opa hatte ein Haus in Osttirol gepachtet. Bei einem Fest im Dorf lief ich lange allein über den kleinen Friedhof rund um die Dorfkirche und schaute mir die Fotos auf den eisernen Kreuzen an. Fotos auf Gräbern kannte ich von zuhause nicht. Ich studierte die Inschriften. Rechnete aus, wie alt die Menschen geworden waren, und fragte mich gerade bei den Kindergräbern, was da wohl Schlimmes passiert sei.

In meinem Theologiestudium blieb bei mir ein Satz besonders hängen: »Die Bestattungskultur ist immer Spiegelbild der jeweiligen Gesellschaft.« Dieser Gedanke beschäftigt mich bis heute. Ich muss daran denken, wenn ich höre, wie Menschen über Bestattungen reden: Dass es möglichst billig sein soll. Eventuell sogar anonym. Hauptsache keine aufwendige Grabpflege.

In einer Dokumentation hatte ich irgendwann einen Bericht über das Bestattungsunternehmen »Pütz-Roth« gesehen. Fritz Roth, der Leiter des Unternehmens, gab in dem Kurzfilm eines seiner letzten Interviews. Damals wusste der 63-Jährige bereits, dass er bald an Krebs sterben würde. Trotzdem wirkte er zuversichtlich und hoffnungsvoll. Er sprach von seinem christlichen Glauben und zitierte den Theologen Dietrich Bonhoeffer, der als Widerstandskämpfer gegen Hitler inhaftiert worden war, später zum Tode verurteilt wurde und im Gefängnis dichtete:

Von guten Mächten wunderbar geborgen,
erwarten wir getrost, was kommen mag.
Gott ist mit uns am Abend und am Morgen
und ganz gewiss an jedem neuen Tag.

Ich kenne und liebe den Text schon lange, aber aus dem Mund eines Menschen, der weiß, dass er bald sterben wird und der sich sein Leben lang mit dem Tod befasst hat, bekommt er eine neue Dimension.

Als Fritz Roth starb, nannten die Zeitungen ihn einen »Bestatter voller Lebenshunger« und »Revolutionär der letzen Ruhe«, denn mit seinen unkonventionellen Möglichkeiten, Verstorbene zu ehren und Hinterbliebene bei der Trauerarbeit zu begleiten, leistete er Pionierarbeit. Beerdigungen waren für Fritz Roth der »Abschlussball des Lebens«. Deshalb ermutigte er die Trauernden, die

Beerdigung zu einer unvergesslichen Feier zu machen. In seinen Augen war es auch legitim, dabei die eine oder andere Ordnung zu verletzen oder großzügig auszulegen, denn er war überzeugt: »Trauer ist der beste Lehrmeister für zivilen Ungehorsam.« Nicht das Gesetz, sondern die Menschen sollten im Vordergrund stehen, die Verstorbenen genauso wie die Lebenden.

Diese rebellische Einstellung gefiel mir. Als meine Pastorinnen-Laufbahn vorläufig auf Eis lag, erkundigte ich mich daher, ob es eine Möglichkeit für ein Praktikum oder eine Hospitation in dem Bestattungsunternehmen gäbe. Drei Tage lang konnte ich so das Unternehmen, die Mitarbeiterinnen und die Philosophie besser kennenzulernen.

Das Haus des Bestattungsunternehmens Pütz-Roth liegt auf einem Hügel in Bergisch Gladbach. Es erinnert sowohl von außen als auch von innen eher an ein sehr schönes Landhotel. Nirgendwo sind Särge oder Urnen zu sehen. Es gibt unterschiedlich große Räume. Sowohl elegante als auch gemütliche. Eine Bibliothek voll mit Büchern zum Thema Tod und Sterben. Gärten und ein Friedwald umgeben diesen Ort, der für Trauernde eine Heimat sein will. Kunst und Pflanzen prägen die Atmosphäre. In den Räumen finden auch Vorträge und Konzerte statt.

Am zweiten Tag begleitete ich eine Trauerfeier. Die Hauptfeier fand in dem Haus selber statt. Es gab keine Kränze, aber Blumen. Viele Kerzen erhellten den Raum. Draußen regnete es. Die Oma der Familie war gestorben. Eine knapp 40-köpfige Gruppe nahm Platz und schaute auf die Urne. An die Rede kann ich mich kaum erinnern. Einige Gäste weinten bitterlich, andere wirkten eher distanziert. Irgendwie spürte ich, dass es dabei nicht nur um die Trauer der verstorbenen Oma der Familie ging, sondern dass nun mehr aufbrechen würde.

Zu dem Haus gehört auch ein Friedwald. Das Haus, der Garten und Friedwald gehen direkt ineinander über. Der kleine Wald ist ein wunderschöner Ort. Er erinnert eher an einen Märchenwald als an eine Grabstätte. Ein kleiner Bach zieht sich durch das Gelände. Überall glimmen Lichter auf. Und unter den Bäumen liegen Gedenkgegenstände jeglicher Art. Kleine Engel, Skulpturen, Fotos, Blumen.

Im strömenden Regen folgte ich der Trauergesellschaft durch den Garten zum Friedwald. Nach ein paar Minuten erreichten wir den Baum, an dem die Urne beigesetzt werden sollte.

Die Rednerin sprach noch einige letzte feierliche Worte. Meine Absätze sanken im nassen Waldboden ein. Jetzt hatten die Familienmitglieder noch die Möglichkeit, persönliche Abschiedsworte zu sagen. Eine der Töchter der Verstorbenen trat an das Grab. Zu meiner Überraschung zog sie eine Flasche Baileys und kleine Plastikschnapsgläser aus ihrer Tasche und ließ beides in der Runde kreisen. Was sich skurril anhört, schien für die Gruppe vollkommen in Ordnung zu sein. Als alle mit dem Sahnelikör versorgt waren und nochmal das erfüllte Leben der Oma geehrt wurde, hob ihre Tochter ihr Plastikbecherchen und sagte: »Auch wenn wir dich vermissen werden: Jetzt können wir endlich Baileys trinken, ohne dass die Oma meckert, wie fies das Zeug wäre.«

Ich musste aufpassen nicht zu lachen. Die Familie lachte.

Ein Schluck Sahnelikör zur Feier des Lebens im Angesicht des Todes.

Auch wenn mich letzten Endes mein Weg doch nach Wien geführt hat, bin ich sehr dankbar für diesen kurzen, aber intensiven Einblick in den feierlichen Umgang mit den Verstorbenen und Hinterbliebenen. Es ließe sich noch viel mehr erzählen. Neben dem Ort an sich waren es vor allem die Mitarbeiter, die sich auch als Gemeinschaft verstehen, die mich tief beeindruckten. Eine Gemeinschaft mit dem Anspruch, Trauer eine Heimat zu geben. Ich spürte, dass ihr täglicher Umgang mit dem Tod ihre Perspektive auf das Leben veränderte. Nicht nach dem Motto: »*You live only once«* und dann ist auch alles egal, sondern getragen von einer Hoffnung, die über den Tod hinausgeht. Ein feierliches »Ja« zum Leben. Ein »Ja« zum Genuss und zum Feiern. Ein »Ja« zum Überschreiten der Deadline.

Beflügelt von dieser Erfahrung musste ich erst mal eine Nacht drüber feiern. Donata und ich stürzten uns ins Kölner Nachtleben. Ein perfekter Rausch. Es wurde der beste Abend seit meiner Trennung. Flirten, tanzen, trinken, bis die Sonne aufging. Der Zauber einer durchfeierten Nacht, in der Raum und Zeit ihre Dimension verloren. Das macht allerdings nur Spaß, wenn man am nächsten Tag nicht arbeiten muss. Und es macht doppelt Spaß, wenn man auf dem Nachhauseweg mit Leuten in der Bahn sitzt, die zur Arbeit müssen.

Ich feierte nicht aus Flucht vor etwas, sondern aus Annahme des Lebens in seiner ganzen Fülle.

***

Ein unerwarteter Dienstagabend mit einer Deadline im Nacken in München. Eine wilde Studentenparty, die mich elf Jahre später zur Trauzeugin einer rauschenden Hochzeit werden lässt. Eine Trauerfeier mit gemischten Gefühlen im Angesicht des Todes. Kleine Episoden, die dennoch die Spannbreite der Fülle des Lebens zeigen. Gott und dem Rausch sei Dank.

Feiern ist für mich keine Ignoranz oder Flucht, sondern ein Zelebrieren der Fülle des Lebens. Egal wann, wie und wo. Es ist zweckfreie Zeit, die ihren Zweck erfüllt. Das Feiern mit oder ohne großen Anlass ist die Unterbrechung des Alltags. Feiertage sind für mich ein geschenktes Privileg. Die Unterbrechung des Funktionierenmüssens. Eine Pause vom ständigen Druck, mich selbst optimieren zu müssen.

Mahnende Worte, dass beim Feiern auch einiges schieflaufen kann, überlasse ich an dieser Stelle den Etiketten von Zigarettenpackungen und Bierflaschen. Die kennen wir ohnehin alle. Sie haben ihre Berechtigung. Aber solange ich immer noch regelmäßig gefragt werde: »Was ist dir als Pastorin alles verboten?«, und ich es wirklich müde bin, darauf zu antworten, belasse ich es dabei. Auch die Bibel kennt Geschichten mit dem Rausch, bei denen einiges ziemlich schiefgelaufen ist. Sie warnt vor der Sucht und dem Missbrauch. Gut so.

Dennoch sind da die 600 Liter zusätzlicher Wein. Jesus erstes großes »Ja« zum Rausch des Feierns. Als irdischer Beginn eines ewigen Lebens. Eines irdischen Lebens, an dessen Ende ich persönlich lieber zu viel als zu wenig gefeiert haben möchte. Dabei weigere ich mich ein schlechtes Gewissen zu haben. Das erledigt ein anständiger Kater ohnehin von selbst.

Bei aller Realität und Konfrontation mit eigenem und fremdem Leid und bei all der Arbeit, dies zu lindern oder gar zu überwinden, möchte ich aus dieser Kraft des Glaubens heraus lieber in den Himmel hineintanzen, als mich in die Ewigkeit zu jammern.

Darauf stoße ich an mit einer Bierflasche, auf der ein Augustinermönch abgebildet ist.

Wer beten kann, der kann auch feiern. Weil die ewige Deadline überwunden ist.

L'Chaim. Mein Lieblingstrinkspruch. Er ist hebräisch und bedeutet übersetzt: »Auf das Leben. Auf das ewige Leben!«

GELASSEN UND FREI

>>Liebe Gegenwarts-Mira, ich kann verstehen,
wenn du jetzt verwirrt sein solltest. Aber
vielleicht erinnert sich Vergangenheits-Mira
an die Zeit am Atlantik.<<

Frühling in Wien. Allerdings zieht sich der Winter noch ein wenig in den März hinein. Ich komme vom Joggen rund ums Schloss Belvedere zurück. Auf dem Weg in mein Apartment checke ich die Briefkästen. Den der Gemeinde und meinen eigenen. Im Gemeindebriefkasten befindet sich eine Postkarte. Die Vorderseite zeigt Mount Bromo auf Java. Unter dem Foto des rauchenden Vulkans steht in großen Buchstaben »Indonesia«. Die Karte ist kurz vor Weihnachten abgeschickt worden.

Ich wundere mich. Mir fällt niemand ein, der dort gerade unterwegs ist oder war. Und vor allem fällt mir außer meiner guten Freundin Janet niemand ein, der sich die Mühe macht, mir Postkarten zu schicken.

Dann lese ich die Karte und erinnere mich an den Abend an der französischen Atlantikküste und das lange Gespräch mit dem Surfer, der drei Tage später zu einer Weltreise aufbrechen wollte. Bevor die Karte ihre lange Reise nach Wien antrat, hatte ihr Schreiber zwei Wochen in einem buddhistischen Kloster auf Java verbracht. Next Stopp Bali, Wellenreiten. Dank Google und der Kombination aus unkonventionellem Beruf und seltenem Vornamen musste er die Adresse der *projekt:gemeinde* herausgefunden haben.

Unterschrieben war die Karte nur mit »Stefan«. Keine E-Mail-Adresse. Keine Nummer. Kein Nachname.

Dafür ein Lächeln in Wien.

Begonnen hatte alles mit einer Unwetterwarnung. Französische Atlantikküste. St. Girons Plage. Zehn Tage mit Sommer, Sonne, Surfen und Strand hatte ich hier verbracht. Die schmerzhaft schöne Melancholie letzter Sommertage lag in der Luft. Tage, in denen die Verabschiedungen alter und neuer Freunde sich häufen und der Campingplatz immer leerer wird. Die letzten Läden und Restaurants an der kleinen Strandmeile schlossen bereits und das Wetter wurde schlechter.

Die Nachricht, dass in der kommenden Nacht ein heftiges Unwetter aufziehen würde, erreicht meinen besten Kumpel Jan und mich beim Frühstück per Campingplatz-Buschfunk. Jan beschloss noch am Vormittag, die Heimreise anzutreten. Sein ohnehin ordentlicher Bulli war schnell gepackt.

Ich wollte noch ein paar Tage bleiben. Etwas überrumpelt blieb ich allein auf unserem Platz direkt vor der Düne zurück. Der Himmel war grau und der Atlantik wild. Ins Wasser ging es heute nicht mehr. Ich überlegte, was ich jetzt mit meiner Zeit anfangen sollte. Es war kaum noch ein bekanntes Gesicht da und das Wetter drückte noch weiter auf die allgemeine Abschiedsstimmung. Doch abreisen? Ortswechsel? Hier bleiben?

Dann erreichte mich per WhatsApp die Nachricht eines anderen Kumpels aus Köln, Marcel, genannt Marzl, ehemaliger Sportstudent, jetzt Grundschullehrer und Surflehrer aus Köln. Wir kennen uns noch aus Zeiten, in denen unser Wochenende spätestens mittwochs begann. Kurz bevor Marzl weiter zur deutschen Surfmeisterschaft aufgebrochen war, waren wir uns in der Woche zuvor zufällig über den Weg gelaufen. Ich las seine Nachricht: »Bock auf feiern? Die Abschlussparty der Meisterschaft ist heute Abend in Seignosse. Kannst bei uns vor der Tür parken.«

Ich grinste. Aber hallo! So schnell änderte sich die emotionale Großwetterlage.

Ich packte mein Surfbrett in den T4-Synchro-Bulli meiner Eltern. Inzwischen arbeitete ich zwar seit einem Jahr als Pastorin, aber die Kohle reichte noch nicht, um mir nach dem Diebstahl meines alten Busses einen neuen zu kaufen. So war ich von Wien nach Köln geflogen, um den Trip an den Atlantik zu starten.

Der Bus war das rollende Chaos. Im Inneren sah es aus, als ob ein Kleiderschrank und einer Küche gleichzeitig explodiert wären. Klamotten, auf denen mein halbtrockener Neoprenanzug herumlag. Bikinis neben einer halben Packung Prinzenrolle. Campingkocher, eine Packung Pasta und die obligatorische French Press für den Kaffee. Zudem hatte ich einem Freund versprochen, sein Brett zurück nach Köln zu nehmen. Ebenfalls ein Longboard.

Es amüsierte mich, wie sehr sich mein Ordnungsempfinden verändert hatte, seit ich wieder alleine lebte. Ich blickte gelassen auf mein Chaos und zog die Schiebetür zu. Auch so ein Urlaubsgeräusch. Noch schnell zur Campingplatz-Rezeption und auschecken. Dann zog ich die Flipflops aus und fuhr barfuß los. Die kurvige Straße den Hügel rauf und runter. Die Strecke durch die Pinienwälder ist wunderschön. Bei der Hinfahrt kann ich es jedes Mal kaum erwarten, dass der Atlantik das erste Mal am Horizont auftaucht. Jetzt sah ich das gewaltige Blau nur noch im Rückspiegel.

Nach Seignosse, wo die Party stattfinden würde, war es nicht weit, knapp 40 Kilometer. Als das Ortsschild von Vieux-Boucau-les-Bains auftauchte, beschloss ich spontan abzufahren. Ich konnte mir

Zeit lassen. Manchmal bin ich über mich selber erstaunt: Es kostet mich immer eine gewisse Überwindung, den Weg zu verlassen, wenn ich bereits mein Ziel im Kopf habe. Dabei liebe ich gleichzeitig genau diese Freiheit so. Gelassenheit ist auch Übungssache.

Die Entscheidung war goldrichtig. Die Sonne verabschiedete sich langsam, aber sicher, während sich das Unwetter vom Atlantik aus in riesigen schwarzen Wolken langsam Richtung Land schob.

Bei einem Kaffee in einer Strandbar notierte ich in mein kleines Reisetagebuch, wofür ich die letzten Tage dankbar war. Ich beobachtete das gold-graue Schauspiel am Himmel und wartete auf den Regen, der schließlich als heftiger Platzregen kam.

Auf der Weiterfahrt konnte ich nicht dem Drang widerstehen und ließ das Lied »Oceans« von Hillsong United laufen. Auch wenn es mir fast zu kitschig ist: Die Hymne, die drei Australier geschrieben haben, ist eine Liebeserklärung an Gott, der einen immer wieder hinaus in das große Unbekannte ruft: »*You call me out upon the waters / The great unknown where feet may fail / And there I find You in the mystery / In oceans deep / My faith will stand.*«

Ein kleiner rollender Gottesdienst im Bulli-Kleider-Küchen-Chaos und eine letzte Zeit der Kontemplation und Meditation vor einer rauschenden Partynacht.

In Seignosse parkte ich den Bus und bahnte mir eine Schlaf-Schneise. Ich kannte Marzl. Er spielt in puncto flüssiger Unterhaltung in der *Champions League*. Gott sei Dank hatte ich noch eine Flasche Flimm in der Kühlbox. Der im Rheinland beliebte Waldmeisterlikör eignet sich hervorragend als spontanes Gastgeschenk. Bewaffnet mit Flimm und den letzten Flaschen Kronenbourger Bier suchte ich den Bungalow. Die Hütten auf den Campingplätzen erinnern mich immer an Puppenhäuser. Hier befanden sich keine Puppen, sondern vier Surfer in dem Miniwohnzimmer.

Marzl hatte den »Kirchenbesuch« schon angekündigt und stellte mich vor:

»Das ist die Pastorin.«

Ich meinte eine gewisse Erleichterung im Raum wahrzunehmen und bekam ein Bier in die Hand gedrückt. Wir quatschten über die letzten Tage. Die Wellen, die Meisterschaft. Marzl und Kai, seines Zeichens Doktor der Physik, hatten selbst an der Meisterschaft teilgenommen. Ich schüttelte Chris, einem ehemaligen Berufssoldaten, und Konsti, einem Polizisten aus Hamburg, noch eine Runde grünen Schnaps ein. Konsti, dessen riesiges Tigertattoo mich von seinem Oberarm wütend anbrüllte, blieb »der Pastorin« gegenüber eher skeptisch. Daran änderten auch mehrere Runden Flimm nichts. Er wird gute Gründe dafür haben. Angeheitert verließen wir nach zwei Stunden das Surfer-Puppenhaus Richtung Party.

Die Location war voll, die Stimmung ausgelassen. Kai schüttelte den Kopf: »Affenbande außer Rand und Band.« Ich mischte mich unter die Menge. Meine Melancholie vom Morgen war jetzt gänzlich verflogen. Alle feierten tanzend das letzte Aufbäumen des Sommers.

Weit nach Mitternacht war Marzl auf dem besten Weg »Gruppenvollster« zu werden. Die Stimmung war gerade auf dem Höhepunkt, als Marzl sich plötzlich umdrehte und aus dem Nichts heraus, frei nach dem »How I met your Mother«-Vorbild »Kennen Sie Ted?«, einem großen blonden Typen auf die Schulter klopfte und rief: »Kennst du Mira?«

Stefan kannte mich bis dato nicht. Trotz des peinlichen Manövers begann eines dieser magischen Gespräche. Später erzählte er mir. »Ich stand da, sah mir das Spektakel an und war nach langer Zeit das erste Mal seit langem ganz bei mir. In der Sekunde kam: ›Kennst du Mira?‹«

Bei mir war die Erinnerung etwas schwammiger. Unerwartet, ein etwas peinlicher Anfang. Doch daraus wurde ein Gespräch, das bis zur Mittagssonne des bereits angebrochenen Tages dauern sollte.

Wie ich war Stefan im September mit einem Kumpel und Bus zum Surfurlaub nach Südfrankreich gefahren. Vor ihm lag nun die Reise seines Lebens. Er hatte bereits mehrere Jahre als Mathe- und Sportlehrer gearbeitet. Jetzt wollte er unter anderem herausfinden, ob das Lehrersein noch das war, was er wirklich machen wollte. Dazu hatte er sich ein Sabbatical genommen und wollte nun auf Weltreise gehen.

»Vielleicht studiere ich auch Theologie oder mache eine Ausbildung zum Tischler«, erzählte er mir von seinen Gedanken. Hätte er da schon gewusst, was ich beruflich mache, hätte ich es für die billigste Masche aller Zeiten gehalten. Ich rückte irgendwann mit der Sprache raus. Eigentlich hatte ich an diesem Abend schon genügend »Du bist Pastorin?!«-Gespräche geführt.

Irgendwann verließen wir die Party, um an einem ruhigeren Ort weiterzureden. Da es regnete, setzten wir uns spontan in meinen Chaos-Bus. Während der Regen aufs Dach trommelte, sprachen wir über Glaube und darüber, wie wichtig Zweifel sind. Über den Theologen Dietrich Bonhoeffer, von dem Stefan viel gelesen hatte. Wie seine Familie war auch er katholisch, jedoch mehr aus Tradition als aus Überzeugung. Aber es hatte ihn geprägt. Auf der Weltreise wollte er jetzt auch Glaubensfragen einen Raum geben.

So redeten wir gefühlt ewig über Ängste und Hoffnung. Wir waren uns darüber einig, dass es sehr schwierig sein kann, biblische Texte zu verstehen. So unerwartet wie Marzls Kennst-du-Mira-Move, so unerwartet war der Gesprächsverlauf. Ich empfahl ihm, online in die Talks der »Worthaus«-Referenten reinzuhören, die sich mit Themen wie »Gott und das Leid« oder »Viele Religionen – eine Wahrheit?« beschäftigen. Dass ich in freier Wildbahn auf Leute treffe, die sich für Theologie interessieren, passiert selten, geschweige denn auf Surferpartys.

Irgendwann stellte sich die Frage, wie der Tag weiter ablaufen sollte.

»Wann ich weiterfahre, überlasse ich Zukunfts-Mira«, entschied ich.

Sollten wir in Kontakt bleiben? Wir waren beide innerlich zerrissen. Ein Zustand, der anhalten sollte.

Den Kontakt aufrechtzuerhalten, hielt ich *obwohl* oder gerade *weil* es so unerwartet schön war, für sinnlos. Ich liebte meine neu eroberte Freiheit. Stefan würde in drei Tagen in das größte Abenteuer seines Lebens starten.

»Warum sollen wir uns beide miteinander emotional belasten?«, stellte ich pragmatisch fest. Mein Gespür für Romantik ist gelegentlich begrenzt.

Irgendwann küsste er mich zum Abschied und ging.

Den Rest des Tages hing ich mit den Jungs am Pool ab. *Lay day.* Marzl erzählte, dass er auf dem Heimweg von der Party im Kreisverkehr einige Extra-Runden gedreht hatte. Zu Fuß.

Wir beschlossen zu grillen. Es wurde ein wunderschöner letzter Abend im September in Frankreich. Am nächsten Morgen beschloss Gegenwarts-Mira loszufahren. Ich hörte nochmal »Oceans«: »*Your grace abounds in deepest waters / Your sovereign hand / Will be my guide / Where feet may fail and fear surrounds me / You've never failed and You won't start now.*«

Der Sommer war zu Ende.

Im Mai des folgenden Jahres war ich wieder in Frankreich. Das BurningChurch-Festival lag in diesem Jahr im September. Mein liebster Urlaubsmonat fiel somit für mich flach.

In meiner Abwesenheit erreichte mich eine weitere Postkarte, diesmal schrieb Stefan aus Tulum in Mexiko. Afrika, Asien, Neuseeland und Zentralamerika lagen schon hinter ihm. Bald sollte es wieder nach Europa gehen. Stefan schrieb, er lese gerade das Neue Testament, was nicht gerade für mehr Klarheit in seinem Leben sorge. »Ich würde mich freuen von dir zu hören.«

Diesmal hatte er seine E-Mail-Adresse notiert. Ich schrieb eine Mail und löste ein Lächeln in Bogota aus. Aus der Mailadresse wurde eine Telefonnummer. Das letzte Stück seiner Reise bekam ich digital mit. Im Juli landete Stefan in München.

»Wir können ja mal Mittagessen gehen«, waren wir uns nach seiner Rückkehr schnell einig. Wir verabredeten uns an einem Montag. Der Pastorinnen-Sonntag ist ein guter Tag für ein Date zum Mittagessen. Der Treffpunkt stand schnell fest: in der Mitte zwischen München und Wien. Oder zumindest knapp in der Mitte, in Steyr in Oberösterreich. Ich fuhr diesmal mit dem Zug. Stefan mit seinem VW T3-Bulli.

Wir waren beide furchtbar nervös. Die Situation war so außergewöhnlich. Ein Wiedersehen nach knapp einem Jahr. Die Postkarten der Reise. Dass wir uns seit einigen Wochen per Handy Nachrichten schrieben, machte es nicht weniger aufregend.

Als ich aus dem Zug stieg, stand er direkt vor der Zugtür und lächelte mich an. Zwei Lächelnde in Steyr.

Etwas befangen gingen wir zu seinem Bus. Das Ganze war irgendwie surreal. Wir stiegen in den ehemaligen Militärbus mit Camouflage-Muster und selbstgenähten Blümchengardinen. Das Radio war kaputt. Die Musik kam aus einer tragbaren Box.

Dann fuhren wir los. Erstmal in Richtung des mittelalterlichen Stadtkerns von Steyr. Es war noch zu früh zum Essen. Außerdem würden wir auch so beide gerade nichts herunterbekommen.

Wir setzten uns an den Fluss und redeten. Am Fluss floss jetzt auch unser Gespräch etwas natürlicher. Wir lachten über den Partymoment und darüber, dass wir jetzt hier saßen, und redeten über die große Reise um die Welt. Über Stefans erste intensive Phase in Afrika in Begleitung eines väterlichen Freundes. Seine Zeit im Kloster und das Surfen auf Bali. Über die Postkarten und meine Verwunderung.

»Sonst habe ich nur noch meiner Oma geschrieben«, gab Stefan zu.

Die zweite Karte hatte er halb im Fiebertraum zu einem mexikanischen Briefkasten geschleppt. Wenn er vorhatte, mich zu beeindrucken, funktionierte es hervorragend. Ohnehin faszinierte mich seine gelassene Veränderung. Ich mochte die positive Art, die ich wahrnahm.

Nach einer knappen ersten Stunde beschlossen wir, das Mittagessen, zu dem wir uns schließlich verabredet hatten, in die Tat umzusetzen. Stefan hatte einen kleinen Grill eingepackt und somit sparten wir uns den Restaurant-Besuch. Nach einem kurzen Stopp im Supermarkt machten wir uns auf die Suche nach einem geeigneten Platz, was sich schwieriger gestaltete als gedacht. Schlussendlich fanden wir auf einer Anhöhe eine Bank mit Blick ins Tal mit traumhafter Aussicht. Links von uns war ein kleines Wäldchen und neben der Bank stand ein Wegekreuz. Stefan band sich die mittlerweile ziemlich langen Haare zu einem Knoten zusammen und begann den kleinen Grill anzuwerfen. Mittagessen am idyllischsten Ort der Welt. Besser konnte ein erstes Date nicht laufen.

Das sah der Bauer, der sich für den schönen Platz mit der Bank verantwortlich sah, anders. Er musste den Rauch von Weitem gesehen haben, kam mit seinem kleinen Traktor vorbeigefahren und forderte uns auf, doch gefälligst zu gehen. Stefan blieb seelenruhig. Wir hatten ohnehin schon gegessen und packten alles ein. Als wir fertig waren, schlug ich vor, dass wir runter zu dem Haus des »Störenfrieds« fahren und uns entschuldigen könnten. Stefan war begeistert von der Idee. Und ich war begeistert, dass er davon begeistert war. Der Holz hackende Bauer war sichtlich verdutzt darüber, dass wir mit dem Bulli vorfuhren, uns entschuldigten und versicherten, dass wir keinen Müll hinterlassen hatten. Seine Laune wandelte sich um 180 Grad. Aus seiner anfänglichen Wut wurde nahezu euphorische Freude. Nach zwanzig Minuten Smalltalk verließen wir den Hof.

Glücklich schweigend fuhren wir den Berg wieder herunter. Es war mittlerweile später Nachmittag und angenehm warm. Wir parkten an einer Brücke und beschlossen, am Fluss spazieren zu gehen. Stefan nahm kommentarlos meine Hand. Weit kamen wir nicht. Nach den ersten paar Metern tauchte ein Waldschwimmbad mit einem offenen Biergartenbereich auf. Wir setzten uns auf die weißen Plastikstühle und genossen mitten im Freibadtreiben den Ausblick auf die grünen Hügel.

Anscheinend sah man uns an, dass wie nicht von hier waren.

»Woher kommt ihr?«, fragte uns Nico, während er uns zwei Weizen auf den Tisch stellte.

Wir warfen uns einen vielsagenden Blick zu und erzählten unsere Geschichte: vom Kennenlernen in Frankreich, der Weltreise, den Postkarten, dem Tag heute.

»Und so haben wir zwischen München und Wien hier gerade unser erstes Date.«

Eine halbe Stunde später stand Nico mit einem Tablett mit Pommes und Craftbeer vor uns. »Das geht aufs Haus.«

Wir spürten beide, dass Nico sich gerne weiter mit uns unterhalten würde. Unausgesprochen stand zwischen Stefan und mir die Frage im Raum, ob wir die Situation so annehmen oder ob wir uns zu zweit zurückziehen sollten.

Das Schwimmbad wurde nun immer leerer. Fast gleichzeitig baten wir Nico, sich doch dazuzusetzen. Er erzählte uns, dass er der Betreiber des Schwimmbads sei und noch eine Bar in der Stadt betreibe. Wir erzählten von unseren Berufen. Womit das Thema Gott und die Welt, beziehungsweise Gott und die Weltreise, auf dem Tisch lag. Die Sonne ging langsam unter und so saßen wir bei unserem ersten Date mit einem Schwimmbadbetreiber irgendwo in Österreich. Wir nahmen es nicht nur gelassen. Wir freuten uns darüber.

Das Schwimmbad schloss. Wir blieben sitzen. Die Gespräche überschlugen sich. Aus dem Abend wurde Nacht. Gegen 3 Uhr morgens zog ein Gewitter auf. Wir saßen mittlerweile mit Nico auf der überdachten Terrasse und hörten uns weinselig seine traurige Liebesgeschichte an, während um uns herum die Welt unterzugehen schien. *Go with the flow.*

Unser Date endete morgens mit einem Frühstück mit Spiegeleiern und Kaffee im Kreise der Schwimmbadbelegschaft, die ihren Dienst antrat. Im Schwimmbad zogen die ersten Senioren ihre Bahnen und auch Stefan ging noch eine Runde schwimmen.

Wir fuhren zum nächstgelegenen Bahnhof. Nach der Kurverei am Vortag war das nicht der Bahnhof in Steyr, sondern, um dem ganzen endgültig die kitschige Krone aufzusetzen, der Bahnhof St. Valentin. Wir redeten darüber, wie schön es sei, ein Leben zu führen, in dem man einfach annimmt, was kommt.

Am Bahnhof tranken wir noch einen Kaffee und warteten auf meinen Zug nach Wien. »Zum Glück ist die Dienstbesprechung heute erst nachmittags«, stellte ich erleichtert fest. Auf dem Tisch im Bahnhofs-Café lag eine Zeitung: »Postkarten schreiben ist wieder in Mode« lautete eine Überschrift.

Zwei Tage später bekam ich wieder eine Karte. Diesmal aus Linz, wo Stefan noch eine Nacht geblieben war. »In Linz beginnt's« stand auf der Vorderseite. Auf der Rückseite: »Ich hab gehört, Postkartenschreiben sei wieder in Mode.«

Zwei Monate später saß ich an einem Samstagnachmittag in Stefans Wohnung in einem Münchener Vorort. Ich arbeite das erste Mal an dem Exposé für dieses Buch. Nach einem Porträt über mich in der ZEIT hatte ich die Möglichkeit bekommen, ein Buch zu schreiben.

»Komme ich auch in dem Buch vor?«, grinste Stefan mich an.

Ich lächelte zurück: »Vielleicht.«

Wir hatten uns nochmal kurz in Wien gesehen und oft telefoniert. Wir mochten einander sehr, und trotzdem gab es auch Spannungen.

Stefan packte seine Taschen für eine Sportlehrer-Fortbildung. Ich war am Vorabend angekommen und wollte den Samstagnachmittag in der fremden Umgebung nutzen, um das erste Mal etwas zu schreiben. Irgendwie einen Anfang finden. Das Thema »Anfang« steht nicht nur über dem Schreiben meines Buchs, sondern programmatisch für das ganze Wochenende. War das ein Anfang oder ein Ende?

Es war September. Ich war erkältet und furchtbar müde. Zehn Tage »BurningChurch - Fest der gefährlichen Ideen« am Attersee lagen hinter mir. Unser ganzes Team ging auf dem Zahnfleisch. 150 Leute. Transport und Unterbringung. Einkauf und Kochen. Deko und thematische Gestaltung. Alles hatten wir trotz Low-Budget und schlechter Infrastruktur gemeistert, wenn auch nicht reibungslos. Ich fühlte mich das erste Mal nach zwei Jahren Arbeit als Pastorin elementar erschöpft. Jetzt war ich in München, um durchzuatmen. Drei Tage Tapetenwechsel. Stefan und Schreiben. Schauen, ob wir fern ab von der Eat-Pray-Love-Nummer, die hinter uns liegt, funktionieren könnten.

Stefan nahm seine Sporttasche und küsste mich zum Abschied. Die Tür fiel ins Schloss. Ich war allein. Ich beschloss, das einzig Richtige zu tun: Erst mal noch einen Kaffee. So eine Siebträgermaschine ist schon etwas Feines – ein Gedanke, bei dem ich merke, dass ich älter werde. Genauso wie die Tatsache, dass ich jetzt anscheinend Sportlehrer anstatt Sportstudenten date.

Gedankenverloren setzte ich mich auf den senfgelben Ohrensessel gegenüber des Küchentischs und betrachtete zehn Minuten lang Stefans Surfbrett und meinen Computer. Oh Gott, wie waren wir in diese Situation gekommen?!

Dann setzte ich mich wieder an meinen Laptop. Fremde Gedanken können manchmal hilfreich sein. Ich tippte als Erstes ein

Zitat ein. Geliehene Worte, die ich liebe. Sie stammen von dem Theologen Dietrich Bonhoeffer. Mit Bonhoeffer kann man kaum was falsch machen. Das ist wie mit Einstein oder Mutter Theresa. Quasi der Joker des theologischen Nachdenkens: »Muss es so sein, dass das Christentum, das einstmals so ungeheuer revolutionär begonnen hat, nun für alle Zeiten konservativ ist?«

Ein allererster Gedanke. Die Richtung stimmte schon mal.

Am Abend kam Stefan wieder von seinem Lehrgang zurück. Wir spürten beide, dass der »Wir müssen Reden«-Moment gekommen war. Es würde nicht klappen.

Bevor ich ging, hielt er mir drei Postkarten hin: »Zieh eine!«

Ich zog die letzte Karte: die Rückenansicht einer Frau mit wehenden Haaren im Wind.

Darauf ein Spruch: »Am Ende eines Tages sollen deine Haare zerzaust und deine Füße dreckig sein.«

Später saß ich wieder im Zug von München nach Wien. Es war absurd. Absurd schön. Meine Emotionen waren nur schwer in Worte zu fassen. Traurig. Glücklich. Gelassen.

Ich bereute keine Sekunde und wünschte mir auch keinen anderen Ausgang. Es hat nicht sollen sein.

Mittlerweile klebt die Postkarte in meinem neuen Bus auf der Innenseite der Sonnenblende.

Gelegentlich lächelt Gegenwarts-Mira gelassen über Vergangenheits-Mira.

In einer ZDF-Sonntagabend-Schmonzette wären die Pastorin und der weltreisende Surfer auf der Suche nach Gott und sich selbst sicherlich ein strahlendes Paar geworden. Hippie-Hochzeit in St. Valentin mit Schwimmbad-Nico und Marzl als Trauzeugen. In der Hochzeitspredigt wäre die Rede von göttlicher Fügung gewesen.

Die illustre Gesellschaft hätte mit grünem Flimm angestoßen. Der grantige Bauer hätte den Brautwagen gefahren, natürlich einen restaurierten VW T1 Samba.

Meine Geschichte hat kein klassisches ZDF-Happy-End. Dafür aber ein Happy End der Gelassenheit. Diese Gelassenheit ist weder billig noch banal.

Die Deutung von Lebensereignissen ist immer eine heikle Angelegenheit. Kaum etwas ist so verführerisch wie der Gedanke, dass sowohl hinter jeder gelungenen als auch hinter jeder nicht gelungenen romantischen Beziehung ein göttlicher Plan steckt. Diesen tiefen Wunsch, die eigene Liebesgeschichte mit einer göttlichen Fügung zu trösten oder zu adeln, kenne ich. *Been there. Done that.*

Vielleicht trägt der Gedanke, kosmische Kräfte hätten ihre Finger im Spiel gehabt, später durch vierstündige Diskussionen im IKEA-Küchenplanungscenter, wenn man merkt, dass man immer wieder Kompromisse machen muss. Das ist schön und gut so.

Allerding bin ich mit vorschnellen Deutungen göttlicher Fügung etwas vorsichtiger geworden. Unter der Parole »Gott hat einen Plan für dich« wurde mindestens genauso viel Gutes wie Schlechtes verzapft.

Vielleicht hat Gott auch eine Landkarte mit ganz vielen Wegen für dich und mich. Mit Abkürzungen und Umwegen. Mit Höhen, Tälern und Sackgassen. Und vor allem mit einer eigenen, freien Wahl. Mit der Freiheit, die Wege zu nehmen, die du nehmen willst. Mit der Möglichkeit, spontan abzufahren, obwohl das Ziel schon vorgegeben scheint.

Vielleicht folgt unser Leben keinem lange festgelegten göttlichen Plan, sondern ist Teil eines göttlichen Prozesses, der die Freiheit des Menschen ehrt. Denn daran, dass wir Gottes Marionetten sind, glaube ich nicht.

Trotzdem bin ich von einer Wirkmacht Gottes in meinem Leben und allen Lebensbereichen überzeugt. Ich habe zu viele Wunder erlebt, um an den Zufall zu glauben. Der Zufall ist für mich genauso wenig ein Lebensmodell wie der Glaube an einen unausweichlichen Fahrplan. Unser Leben verläuft nicht auf Schienen, sondern auf Wegen und Straßen.

Hier setzt für mich die Gelassenheit als Reisebegleiterin ein. Witzigerweise stammt das Wort »Gelassenheit« von dem mittelhochdeutschen Wort für Gottergebenheit ab. Gelassenheit ist die Fähigkeit, vor allem in schwierigen Situationen die Fassung zu bewahren oder unvoreingenommen zu bleiben.

Gelassenheit im Vertrauen auf Gott befreit mich von den ewigen Hätte-Hätte-Fahrradkette-Fragen: Annehmen, was kommt, loslassen, was geht.

Gelassen schauen, wie alle Dinge ihren Weg gehen. Gott ergeben. Weitergehen. Aufbrechen mit der Gelassenheit als Reisebegleiterin und Gottes Landkarte in der Hand, auf der ein paar konservative und noch viel mehr revolutionäre Wege eingezeichnet sind.

Vielleicht bekommen wir unterwegs Postkarten. Postkarten, bei denen wir Gottes Handschrift und nicht seinen Stempel spüren. Eine heilige Handschrift, die um meine Vergangenheit weiß, meine Gegenwart kennt und mir aus der Zukunft entgegenkommt, mich herausfordert und mich aktiv mitschreiben lässt.

MUTIG UND FREI

*»Es gibt viele Christen auf der Welt, die
nicht begeistert darüber wären, dass ich
predige. Tatsächlich würden die meisten
Christen auf der Welt mir verbieten zu
predigen oder in einer Kirche zu arbeiten.«*

Alles ist auf einmal still, als Chris sich outet und seine Kurzpredigt beginnt. Es ist Pfingstsonntag 2019. Taufgottesdienst. Outdoor. Fünfzehn Erwachsene aus dem Iran, Afghanistan und Deutschland werden heute getauft. Die illustre
Gottesdienstgesellschaft sitzt auf Decken und Feldbetten auf einer
Wiese an der Alten Donau. Auf dem klaren Wasser drehen Stand-
Up-Paddler ihre Runden. Schwäne beäugen argwöhnisch das Trei-
ben an Land. Vermutlich ahnen sie, dass ihr ruhiger Sonntagnachmittag gleich wieder von diesem komischen Wasserritual gestört
wird. Wäre nicht das erste Mal. Die Wiese, die heute den Gottesdienstraum ersetzt, liegt direkt am Wasser. Wir sind umgeben von
Büschen und Insekten surren um uns herum, aber es fehlt jede
Spur von Schatten. Die Sonne knallt gnadenlos auf uns herab. Der
ganze Sonntag verlief bis dato ausnahmslos chaotisch.

Der Tag hatte mit einem klassischen Griff zum Handy begonnen. Nach dem Entriegeln des Flugmodus kündigten dreizehn Nachrichten in der Pastoralteam-WhatsApp-Gruppe die organisatorischen Herausforderungen des heutigen Tages an.

Mein Kopf drehte sich noch um die Gespräche des Vorabends. Jacky vom »Partytisch« im Trachtenvogl in München war tatsächlich mit einer Freundin über das Pfingstwochenende nach Wien gekommen. Am Vorabend waren wir mit rund zwanzig Leuten beim Wiener »Heurigem Hirt« gewesen. Die Gespräche hatten sich um Glauben und Zweifel, eigene und fremde Erwartungshaltungen bezüglich Lebensentscheidungen und die Notwendigkeit, einen eigenen Weg zu finden, gedreht. Diese Gespräche klangen noch nach.

Schnell schrieb ich noch ein paar Gedanken in mein Notizbuch, packte Ersatzklamotten und eine Bibel in meine Tasche und ging zum Bulli. »Karlchen« war jetzt genau ein Jahr und rund 20.000 Kilometer mein rot-gelb-orange gestreifter Begleiter. Ich stellte fest, dass ich noch dringend ein Frühstück brauchte, und fuhr zur nächsten Tankstelle. Mein Sonntagsfrühstück bestand heute aus einer Leberkässemmel und einer Cola Light. Ein gesundes Frühstück ist schließlich das A und O und dafür reichte mein Zeitpuffer noch. Dafür, dass ich mich zwei Mal verfahre, nicht.

Nicht, dass ich damit gerechnet hatte, dass wir pünktlich anfangen würden, trotzdem bin ich ungern unpünktlich. Nachdem ich die halbe Dose Cola über mein Armaturenbrett gekippt hatte, erreichte ich den Parkplatz des Oberen Mühlwassers zehn Minuten später als geplant.

Zusammen mit meinem Team hatte ich einen Plan für den Gottesdienst erstellt. Unser ursprünglicher Plan lautete: erst Taufgottesdienst, danach gemeinsames Essen. Ein Gruppe Freiwilliger hatte für alle hundert Gottesdienstbesucher afghanisches Essen gekocht. Grundsätzlich eine schöne Idee. Aber auch organisationsintensiv. Wegbeschreibungen, Fahrgemeinschaften, ausreichend Wasser und Essen, inklusive Teller und Geschirr, Musikinstrumente, Liederblätter, Verstärker und Mikro – an alles musste gedacht werden.

In dem Trubel hatte jemand die großen Taschen mit den Feldbetten mit den Pavillontaschen verwechselt. Schon bald hinkten wir dem Zeitplan so weit hinterher, dass die ganze Taufgesellschaft Hunger bekam und wir das Essen spontan vorzogen. Die riesigen Töpfe, in denen locker ein Kleinkind baden könnte, waren schnell leer. Es gab Reis mit einem scharfen afghanischen Eintopf. Nun waren die Gäste glücklicherweise satt. Sorgen bereitete uns die Hitze. Ohne Pavillons, dafür mit Feldbetten als Ersatzkirchenbänken begannen wir den Gottesdienst. Liedblätter wurden verteilt, Gitarre und Querflöte gestimmt. Dann startete die kleine Musikgruppe mit dem ersten Lied.

Selbst für unsere unkonventionellen Verhältnisse war das kein typischer Gottesdienst. Während die Musik spielte, liefen Kinder mit Schwingflügeln um uns herum. Eltern kramten nach ihren Sonnencremetuben und versuchten, mit dem Eincremen ihrer Kinder hinterherzukommen. Ich schaute rüber zu unserem Praktikanten Patrick. Vielleicht sollten sie auch unseren Praktikanten Patrick einschmieren. Seine Haut erinnerte zunehmend an eine glühende Herdplatte, deren Rotton in kurzer Zeit an Intensität gewann. Neben den Kindern vergnügte sich der mehr oder weniger gut erzogene Schoßhund einer iranischen Künstlerin abwechselnd im Wasser und auf der Wiese. Auch wenn der Gottesdienst schon begonnen hatte, hatte das stolze Frauchen beschlossen, noch schnell eine Instagram-Story des nassen Vierbeiners zu posten.

Ich fragte mich derweil, was sich wohl die unbeteiligte Familie am Rand der Wiese dachte. Sie wirkte auf ihren Sonnenliegen recht entspannt und musterte das Schauspiel ohne große Reaktionen durch ihre Sonnenbrillen.

Auch die Garderobe der Gottesdienstgesellschaft war so bunt wie die Gruppe selbst. Einige liefen in lässigen Sommerklamotten und Flipflops herum. Andere sahen aus, als ob sie im Anschluss noch zur Oscar-Gala eingeladen wären. Dazwischen saß Nesrin aus Afghanistan und rückte ihren Schleier zurecht. Ihr Mann hatte sich ebenfalls vor zwei Jahren hier im Fluss taufen lassen. Sie selbst war weiterhin Muslima. Ein spannender interreligiöser Ehe-Dialog. Darauf, dass wir in unserer Gemeinde eine Atmosphäre haben, in der das möglich ist und in der genau diese Freiheit gewahrt wird, bin ich sehr stolz.

Aus dieser bunten Gesellschaft stachen die fünfzehn Täuflinge mit ihren weißen Shorts und Shirts deutlich hervor. Später sollten sie im Fluss ganz untergetaucht werden.

Die Band spielte mehrerer Lieder. Doch bei mir wollte sich noch keine »heilige« Stimmung einstellen. Mal wieder stellte ich fest, dass eine solche Stimmung unverfügbar ist und nicht erzwungen werden kann. Trotzdem wünschte ich mir irgendwie eine angemessenere innere Haltung. Zumal ich gleich etwas sagen sollte.

Walter wies nochmal darauf hin, dass nur der ausgewählte Fotograf die Erlaubnis zum Fotografieren hatte.

Für die meisten der Täuflinge war die heutige Taufe ein mutiger Schritt. Bei der Taufe von Täuflingen aus Europa oder Nordamerika wird die Taufe, egal ob es sich um die Taufe von Babys oder von Erwachsenen handelt, meist mit einem Fest mit der ganzen Familie und viel Kuchen fröhlich und unbefangen gefeiert. Im Iran oder in Afghanistan bedeutet die Konversion zum Christentum ein sicheres Todesurteil. Arglos gepostete Bilder können außerdem Familienangehörige in der Heimat unter Druck setzen. Daneben bedeuten sowohl die Taufe als auch ein genehmigter Asylantrag, dass die eigene Heimat nie wieder betreten werden darf. So munter dieser Tag mit der Tauffeier auch war, harmlos war er nicht.

Nach dem Fotoverbot, das ab jetzt auch für Besitzer von nassen Vierbeinern galt, folgten vier Kurzpredigten in Deutsch, Farsi, Spanisch und Englisch.

Jeder der rund hundert Gäste sollte eine kurze Predigt in seiner eigenen Sprache hören können. Die Betonung lag auf kurz. Maximal drei Minuten.

Walter, der den Gottesdienst leitete, rief mich nach vorne.

Ich war immer noch nicht ganz fokussiert, aber drei Minuten Predigt würde ich schaffen. Dann begann ich, vom ersten Pfingstfest zu erzählen, das in der Bibel beschrieben wird: Wie auf die Jüngerinnen und Jünger plötzlich ein Sturm vom Himmel herabwehte und wie sich die Heilige Geisteskraft, die Kraft Gottes, mit geballter Kreativität und Trost wie ein Wirbelwind um sie und die Menschen um sie herum legte. Wie alle auf einmal alles, was gesagt wurde, in ihrer eigenen Sprache verstehen konnten. Wie es für einen Moment keine Sprachbarrieren mehr gab. Wie Geschlecht, Alter und Status keine Rolle mehr spielten. Wie auf dieses göttliche Ereignis erst Taufen und dann ein gemeinsames Essen folgten. Heilig und doch so simpel. Froh, meinen kleinen Beitrag für heute erledigt zu haben, setzte ich mich wieder hin und atmete tief durch.

Nach mir war Parisa aus dem Iran mit ihrer kurzen Predigt an der Reihe. Die junge Mutter und ihre Familie waren erst seit zwei Jahren Teil der Gemeinde. Trotzdem hatte Parisa bereits eine Menge Verantwortung in der farsisprachigen Gemeinde übernommen und war fest entschlossen, ebenfalls Pastorin zu werden. Wir freuten uns sehr, sie bei diesem Weg unterstützen zu können. Nach der Predigt würde sie ebenfalls zum ersten Mal mittaufen.

Dann folgte Cesar mit seiner spanischen Kurzpredigt. Ich hatte keine Ahnung, was er erzählte, aber seiner Gestik und Mimik nach zu urteilen, musste es etwas mit Freude zu tun haben. Auch wenn ich im wahrsten Sinne des Wortes nur »Spanisch verstand«, hätte ich ihm ewig zuhören können. Sein Wesen war einfach ansteckend. Zuletzt war Chris aus den USA mit seiner Predigt auf Englisch an der Reihe. Chris hatte sich entschieden, in Zukunft auch Theologie zu studieren. Es war die erste Predigt, die ich von ihm hörte:

»Es gibt viele Christen auf der Welt, die nicht begeistert wären, dass ich hier heute predige. Tatsächlich würden die meisten Christen auf der Welt mir verbieten zu predigen oder in einer Kirche zu arbeiten. Denn ich bin schwul«, begann Chris.

Ich hielt den Atem an und spürte, wie auch der Rest der Taufgesellschaft den Atem anhielt. Unabhängig davon, ob alle verstanden, was Chris sagte, spürte jeder, dass hier jemand tief betroffen war. Dabei war Chris' Vortragsweise nicht sonderlich emotional. Es flossen keine Tränen und er predigte nicht in einer dramatischen Stimmlage. Hier predigte einfach Chris, der aus seinem Handy in der Hand eine Predigt ablas:

»Deshalb bin ich besonders dankbar, heute hier stehen zu können und zu predigen, während ihr in der Sonne gegrillt werdet.«

Alle lachten und fächern sich die Luft mit den Liedblättern zu.

»Es sind nicht Menschen, die dich berufen haben, sondern Gott. Denke daran, wenn Leute dich unterdrücken und dir sagen: ›Du kannst nicht predigen, weil du eine Frau bist.‹«

Mir schoss kurz eine Träne ins Auge.

»Wenn irgendjemand zu dir sagt: ›So etwas wie schwule Christen gibt es nicht.‹ Wenn dich jemand aufgrund deiner Hautfarbe oder deines Asylstatus, deinem Geschlecht oder deiner Sexualität hinterfragt, sag ihnen: ›Gott hat mich berufen. Nicht Menschen.‹ Allen, die heute getauft werden, sage ich deshalb: Geht mutig in dieses Wasser. Seid stolz darauf, wie Gott euch geschaffen hat, und seid stolz auf die Reise, auf der ihr euch befindet. Und lasst euch von niemandem einreden, Gott hätte euch nicht berufen.«

Stille. Dann folgte ein Applaus. Zwei Minuten und 49 Sekunden Predigt, die mich mitten ins Herz trafen.

Von meiner anfänglichen Lethargie war jetzt nichts mehr zu spüren. Dass Chris schwul war, war zwar kein Geheimnis. Trotzdem war ich mir sicher, dass viele Zuhörerinnen und Zuhörer überrascht waren. Ich konnte mir vorstellen, dass dieses öffentliche

Outing ihn Überwindung und Mut gekostet hatte. Vor kurzem war seine Mutter zu Besuch gewesen. Chris hatte mir nach ihrem Rückflug in die USA erzählt, wie gut es ihr getan hatte, zu sehen, dass ihr Sohn hier nicht nur irgendwie geduldet wurde, sondern in allen Bereichen voll mitarbeiten konnte, ohne ständig aufgefordert zu werden: »Ändere dich!«

Nach den Kurzpredigten kam der Teil, in dem die Täuflinge in kleinen Gruppen noch einmal kurz erzählten, warum sie sich taufen lassen wollten. Während aus einigen Täuflingen herzzerreißende Geschichten heraussprudelten, brachten andere nur ein paar schüchterne Worte heraus. Wenn ich ihnen in die Augen schaute, konnte ich nur im Ansatz ahnen, was viele von ihnen durchgemacht hatten und immer noch durchmachten. Wir hatten in den letzte drei Jahren viele Leute getauft. Bei allen Gesprächen, ob in Gruppen oder unter vier Augen, war immer wieder ein Wort gefallen: Freiheit.

Nach den Berichten folgte die Taufe der ersten sechs Täuflinge. Es waren vier Frauen und zwei Männer, die versuchten, möglichst elegant über den Kieselboden ins Wasser zu kommen.

Die Täuflinge sollten nicht von einem Pastor oder einer Pastorin allein, sondern von Zweierteams getauft werden. Damit wollten wir zum Ausdruck bringen, dass wir eine Gemeinschaft sind und dass es nicht eine Super-Pastoren-Macht gibt. Fest bin ich davon überzeugt, dass jeder Mensch von Gott dazu berufen und befähigt ist, zu taufen, zu predigen und das Abendmahl auszuteilen.

Ich würde gemeinsam mit Parisa taufen, der zukünftigen iranischen Pastorin. Die Täuflinge warteten am Ufer und wurden immer zu dritt ins Wasser gerufen. Einige liefen nahezu ins Wasser, andere wateten langsam und zögerlich auf uns zu, möglicherweise war ihnen das Wasser auch schlicht zu kalt. Es war ein besonderer Moment, den sich so sicher keiner der Täuflinge früher erträumt hätte.

Der »Rest vom Fest« stand am Ufer und schaute zu. Vorne planschten weiter die Kinder und auch die Schwäne hielten sich heute dezent zurück.

Die ersten drei Täuflinge verteilten sich auf die Teams. Ali steuerte auf Parisa und mich zu. Wir legten jeweils eine Hand auf den Rücken des Täuflings und hoben unsere Hände zur Segensgeste über den Kopf.

Ich sprach auf Deutsch, Parisa auf Farsi:

»Ali, auf dein Bekenntnis zu Jesus Christus hin taufen wir dich auf den Namen des Vaters, des Sohns und des heiligen Geistes.«

Die Band spielte weiter im Hintergrund ein paar ruhige Musikstücke.

Danach drückten wir Ali sanft, aber bestimmt ins Wasser und zogen ihn wieder hoch. Auf jede einzelne Taufe folgte Applaus. Jubel für einen mutigen Schritt auf einer niemals endenden Reise des Glaubens.

Schließlich waren alle Täuflinge wieder an Land. Wir Täufer tauchten auch einmal alle zur Abkühlung unsere Köpfe unter Wasser. Ein Vorteil dieses Jobs bei der Hitze. Dann bereiteten die anderen das Abendmahl mit Brot und Wein vor und ich zog mich schnell im Bus um.

Mit Abendmahl und Segen beendeten wir den Gottesdienst.

Gemeinsam gingen Chris und ich zum Bulli, um zurück in die Krummgasse zu fahren. Fröhlich begrüßte mein Mitfahrer den Bus: »*Hello Karl, it's been a while.*«

Im letzten Sommer waren wir zusammen von Wien zu einem Festival in Cuxhaven gefahren. Damals mit an Bord: Regebogen-Alpaka-Piñata Alejandro, ein buntes Tier aus Pappmaché, das normalerweise mit Süßigkeiten gefüllt wird und bei Kindergeburtstagen so lange mit einem Stock geschlagen wird, bis es zerbricht und die Süßigkeiten herausfallen. Anlässlich unserer gemeinsamen Geburtstagsfeier mit dem Motto »*Somewhere over the rainbow*« hatten wir es gekauft. Bei uns fungierte Alejandro jedoch nur als Deko und durfte nicht mit Stöcken geschlagen werden. »Regenbogengeschöpfe wurden und werden zu oft von Kirchen verletzt«, waren wir uns einig. Und das galt definitiv nicht nur für Regebogengeschöpfe.

Bei jeder gemeinsamen Fahrt hörten wir »*Shake it Off*« von Taylor Swift, unseren persönlichen »*Empowerment Song*«. Doch auch wenn uns das Singen oft ermutigte, wussten wir aus eigener Erfahrung, dass es in manchen Debatten nicht mit einem »Abschütteln« getan war.

Ich schloss den Bus auf und bedankte mich bei Chris für seine mutige Predigt: »Du hast heut nicht nur dich selber ›frei-gepredigt‹, sondern auch mich sehr ermutigt.«

Die letzten Wochen waren für uns nicht leicht gewesen. Wir hatten beide die heftigen Debatten vor Augen, die erst einige Wochen zurücklagen. Während einer Diskussion hatte ein Großteil der anwesenden Kirchenvertreter nicht nur bezüglich Homosexualität eine konservative Meinung vertreten. Viele waren auch immer noch davon überzeugt, dass Frauen in Kirchen nicht predigen und lehren dürfen.

Es waren Worte gefallen, die ganze Menschengruppen einengen wollten. Worte, die seit Jahrtausenden Gefängnisse bauten. Worte, deren Nahrung Angst vor dem Bedeutungsverlust waren. Worte, mit denen Menschen Jesus vor ihr kleines Weltbild voll von Regeln und Ordnungen spannen wollten. Worte, denen ich hier keinen Raum einräumen möchte.

Die Debatten waren uns beiden sehr nahegegangen und hatten mich traurig, wütend und kämpferisch gestimmt.

Es sind viele göttliche Momente und Begegnungen, die mir wieder Mut machen: die göttlichen Momente während des chaotischen Taufgottesdiensts, beim Müllabladen auf dem »Mistplatz« oder in der Pfarrkirche von Le Mont-Saint-Michel. Und die Begegnungen mit Menschen wie Chris und den anderen wunderbaren Regenbogenmenschen in meiner Gemeinde. Begegnungen mit den Geflüchteten, die geflohen waren, um endlich frei zu sein, frei zu lieben, zu glauben und zu leben. Begegnungen mit Frauen wie Claire aus Südafrika, die ich auf der *Caribbean Mercy* traf, oder Parisa aus dem Iran und all den anderen wunderbaren Frauen und Männer, die weltweit versuchen, Brücken zwischen Überzeugungen und Religionen zu bauen. Momente und Begegnungen, die mir zeigen, auf was für einer aufregenden Reise ich als Pastorin unterwegs bin.

Doch nicht zuletzt ist es Maria, meine biblische Lieblingsfrau und mein Vorbild, die mich auch als Pastorin immer wieder ermutigt.

Freitagnachmittag im März 2018. Im Vorbeigehen hatte ich am Wiener Apollo-Kino ein Plakat für den neuen »Maria Magdalena«-Film mit Rooney Mara als Maria und Joaquin Phoenix als Jesus gesehen. Ich hatte einen freien Nachmittag und beschloss spontan, das erste Mal allein ins Kino zu gehen. Grundsätzlich stand ich den meisten Filmen und Büchern, die es bis dahin über sie gab, äußerst skeptisch gegenüber. Das Kitschlevel war zumeist nur schwer zu ertragen und auch theologisch fand ich die Filme und Bücher fragwürdig.

Genau ein halbes Jahr zuvor hatte ich bereits über »meine« Maria gepredigt. Der Titel der Predigtreihe lautete: »Begegnungen mit Jesus«. Die Themenreihe forderte mich heraus.

Während meiner Predigtvorbereitungen hatte ich begonnen, jeden Bibeltext so gut es ging nicht nur zu lesen, sondern auch zu erfühlen. Welche Tageszeit wurde erwähnt? Dämmerte es? Brannte die Sonne oder war es kalte Nacht? Kannten die Menschen den Rabbiner Jesus oder waren sie überrascht? Waren sie krank oder gesund? Reich oder arm? Tobten Menschenmassen oder war es still? Waren die Menschen angesehen oder verachtet? Was würde ich spüren?

So begegnete mir in der intensiven Auseinandersetzung Maria von Magdala. Nicht als Ehefrau Jesu, wie es Dan Brown in seinem Thriller »Sakrileg – The Da Vinci Code« darstellt und dabei beliebte, aber theologisch nicht haltbare Verschwörungstheorien aufgreift. Und auch nicht als Prostituierte, zu der sie im Laufe von 2000 Jahren Kirchengeschichte als Gegenentwurf zur Jungfrau Maria häufig stilisiert wurde.

Maria begegnete mir weder als Jungfrau noch als Ehefrau oder Hure, sondern einfach als Mensch. Als eine Frau, die vor 2000 Jahren beschloss, diesem Rabbiner aus Nazareth zu folgen. Komme, was wolle. Bis zum bitteren Ende am Kreuz und darüber hinaus.

In meiner Predigt war ich so gut ich eben konnte ihren Weg am Morgen nach Jesu Tod nachgegangen und hatte mich an der Beschreibung des Evangelisten Johannes orientiert. Ihre Geschichte hatte mich immer mehr fasziniert: Maria, die vollkommen alleine früh morgens im Dunkeln Jesu Grab aufsucht. Ihre Furcht und Verwirrung, als sie den weggerollten Stein vor der leeren Grabhöhle entdeckt. Ihr vergeblicher Versuch, von ihren Freunden, den Jüngern, Unterstützung zu bekommen, als sie den toten Körper suchen wollte. Ihre Begegnung mit dem auferstandenen Jesus, den sie irrtümlicherweise für den Gärtner der Grabanlage hält. Bis hin zu dem Moment, in dem Jesus sie bei ihrem Namen nennt: »Maria.« Und die Erleichterung der ganzen Welt, die in nur einem Wort liegt: *Rabbuni.* Meister.

Doch ich hatte gemerkt: In der Geschichte steckte mehr. Jesus gibt ihr, einer Frau aus Magdala, als erstem Menschen überhaupt den Auftrag, zu verkündigen. Damit erzählt die Bibel, wie sie nicht nur zur ersten Apostelin wird, sondern auch zur ersten Predigerin der Hoffnung, dass der Tod überwunden ist.

Nach dieser intensiven Auseinandersetzung mit Maria Magdalena war ich erst recht skeptisch, ob der Film nicht nur alte Klischees bedienen würde.

Kritisch saß ich in meinem Kinosessel und verfolgte die Handlung. Doch diesmal war meine Skepsis unbegründet. Eindrücklich zeigte der Spielfilm, wie Maria an die verschlossene Tür der verängstigten und verzweifelten Jünger klopfte. Als die Jünger endlich öffneten, trat sie in die Mitte der Jünger. Ab hier hatte der Drehbuchautor von seiner künstlerischen Freiheit Gebrauch gemach, denn wie es im Haus der Jünger weiterging, erzählt die Bibelstelle nicht. Doch wie der Kinofilm die Geschichte wiedererzählte, packte mich:

Mutig sprach Maria in der folgenden Szene zu den Jüngern: »Das Königreich ist hier und jetzt. Weil es nicht etwas ist, was wir sehen mit den Augen. Es ist in uns in unserem Innersten. Wir müssen uns nur von unserer Angst befreien. Von unserer Verbitterung. Das Königreich wir nicht erbaut mit dem Schüren von Konflikten. Es wächst mit uns. Es wächst mit jedem Akt der Nächstenliebe, der Fürsorge und Vergebung.«

Die Jünger im Film reagierten unterschiedlich. Einige glaubten ihr, andere fragten sie skeptisch: »Warum sollte Jesus gerade dir erschienen sein?« Und was sie meinten, war klar: Warum sollst gerade du Gott wichtig sein?

Inzwischen zählt der Film zu meinen Lieblingsfilmen und auch während vieler Debatten hatte ich immer wieder an den Film denken müssen. Gleichzeitig fielen mir jetzt wieder die Worte aus Chris' Predigt ein: »Wenn Leute dich unterdrücken und dir sagen: Du bist nicht wichtig für diese Welt und für Gott. Sag ihnen: Ich bin Gott wichtig.«

Ich parkte aus. Die Gangschaltung hakte, während Chris mit dem zu kurzen Anschnallgurt kämpfte. Meine nassen Klamotten lagen hinten auf dem Boden von Karlchen. Taylor Swift sang und wir stimmten ein: »*But I keep cruising, can't stop, won't stop grooving. / It's like I got this music in my mind saying it's gonna be alright.*«

Karlchens Motor ratterte solide. Wir machten alle Fenster auf. Auch das Schiebedach. Wir fuhren vorbei an Feldern mit Margeriten, Mohn und Kornblumen.

Ich bin froh, dass ich frei von Angst und Verbitterung unterwegs sein darf. Neugierig, scheiternd und immer auf dem Weg zu neuen Wagnissen. Unterwegs als lernende Schülerin, aber gemeinsam mit anderen. Weil ich zwar allein unterwegs sein kann, aber nicht immer muss. Weil ich verletzlich sein darf und geteilte Schwäche doppelt stark macht. Mit einer Hoffnung im Gepäck, die den Tod übersteigt, und die ein Grund zum Feiern ist. Voller Gelassenheit, weil es viele Wege zu einem Ziel gibt. Weil Widerstände auch ein Segen sein können und ich den Blick mutig nach vorn richten darf.

Auf dein Wort hin werde ich das Unmögliche wagen. Komme, was wolle ...

DANKE

Danke an meine Eltern für jeden einzelnen Zeugnistag bis heute. Danke dafür, dass ihr mich aus der Reihe habt tanzen lassen. Danke für die schlaflosen Nächte. Danke für Humor, Güte und Liebe. Für jedes Gebet. Für Kartoffelsuppen auf Partys und jedes blinde Unterschreiben von Fehlstundenzetteln. Danke, dass ihr mich ziehen ließt, und somit danke für jede einzelne Geschichte dieses Buches.

Danke an die einmaligen schönen Menschen der *projekt:gemeinde* für das turbulente und mutige Unterwegssein. Stellvertretend seien an dieser Stelle einmal Juli, Matze und das große Geschenk namens Alex genannt. Und was wären wir ohne Doris?!

Danke für jeden verrückten Roadtrip mit *project:vienna* Part I und II. Ihr seid der Hammer.

Valere, ich danke dir nicht nur für die schicken Fotos (bei -1 Grad), sondern auch für unsere Rheinland-Roadtrip-Freundschaft im wunderbaren Wien. Carina und Jan?! Ohne weitere Worte.

Danke für deine vielen fantastischen Worte, Janet (wie Jackson)! Was wäre Wien ohne dein großes Herz?!

Danke an Andrea Klimt für jede neue Perspektive und für hundert und einen Abend in Brandenburg. Danke für »Stell dir vor, du hast Flügel und fliegst nicht.« Danke an Walter Klimt für das Möglichmachen großer Träume und jeden einzelnen Tag! David und Cesar! Ihr seid die Felsen in jeder meiner turbulenten Brandungen.

Danke an die im Buch ungenannten wichtigen Begleiterinnen meines Lebens:

Niki für tausend »Nachtflüge« durch das Abitur bis hin nach Italien und Athen. Natascha! Danke für dein lautes Pfeifen auf alle Konventionen. Wir sehen uns in Irland mit Karlchen. Nadine (Schatzemann), danke für »weniger Kämmen« und Rock am Ring und so viel mehr. Dein Mut ist für mich tägliche Inspiration. Danke an die Burgkönigin Meike für das intensive Teilen guter, schlechter und vor allem immer verrückte Zeiten. Danke, Nina, für eine lange gemeinsame Rosen-Reise. Ich vermisse dich. Karoline, als ob wir uns schon ewig kennen würden?! Danke für den Weg-Honig, Reise-Muscheln vom Atlantik und dein »Du schaffst das«.

Danke an meine solidarischen Schwestern von *Sorority*. Heldinnen, ohne deren Unterstützung und Vernetzung es kein Buch gäbe. Keinen Millimeter weichen!

Danke an die extra großen Kuchenstücke im Café *Le Funk*, in dem ein Großteil dieses Buches bei unzähligen »Verlängerten mit Milch« geschrieben wurde.

Danke an alle Bulli-Schrauber, die mir weit unterm Marktpreis meine Busse repariert haben.

Und danke meiner Lektorin Johanna Oehler für die geduldige und fantastische Betreuung beim Immer-auf-der-Deadline-Balancieren.

Danke an alle mutigen, gnädigen, lustigen, todernsten, leichtfertigen und besonnenen Wegbegleiter, Wegbereiterinnen, Wegbiertrinker und Wegbiertrinkerinnen.

Ein letztes und ewiges: »Gott sei Dank«. Dein Wort ist das Licht auf meinem Weg und auf meinen Roadtrips.

Sehnsucht nach Freiheit:
mit meinem Bulli Karlchen am Neusiedler See

Gereist, gefallen, geborgen:
meine ersten Urlaubserlebnisse

Einer meiner ersten
Reisebegleiter. Viele Grüße
an meinen Bruder Hagen!

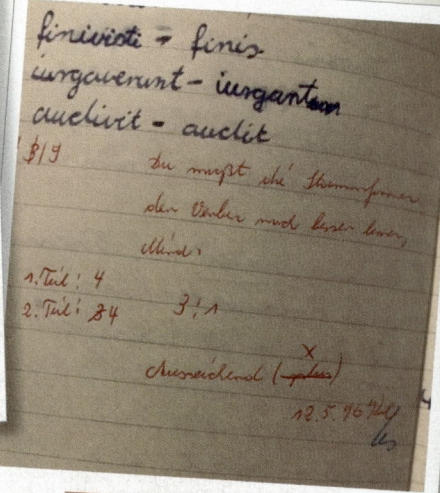

Stammformen kann ich immer
noch nicht, dafür bin ich im
Scheitern ziemlich gut.

Das erste Mal allein unterwegs,
damals noch mit Rollkoffer.
Mein Ziel: die Caribbean Mercy in Honduras

Wieder unterwegs, jetzt mit Rucksack:
als Backpackerin in Rio de Janeiro

Willkommen in der Gemeinde:
Taufen gemeinsam mit Carina

© Valere Schramm

Die Chaostruppe packt.
Unterwegs mit Karlchen und
dem projekt:vienna.

Predigen in der Ballsaal-Baustelle
des Donauhofs

Am Anfang habe ich lieber Bauschutt und
Müll weggebracht als gepredigt.

Wort ...

© Tobias Motz

... und Tat

Casual Priest on Tour

Sonnenuntergang am Atlantik

Vor meinem ersten Bulli, einem VW T3

Sommer, Sonne, Strand

Frühstück ist fertig

Immer mit der Landkarte im Blick,
der Roadtrip geht weiter

„Don't steal my thunder" –
Komme was wolle